だから、野球は難しい

橋上秀樹
Hideki Hashigami

はじめに

新潟アルビレックス・ベースボール・クラブ（2024年シーズンから「オイシックス新潟アルビレックス・ベースボール・クラブ」）の監督となって、今年で通算5年目を迎えた。とくに今年は日本プロ野球機構（以下NPB）の二軍の試合に参加させていただいているということもあり、これまでとは違った感覚のなかでチームを指揮している。

そうしたなか、ヤクルトの池山隆寛二軍監督とこんな話をしていた。

「今の若い選手を指導するときには、気を遣うことが多くなったな」

「叱っちゃいけないし、感情的な言い方にでもなったら、選手は聞く耳を持たなくなるだろうしな」

「本当だな。毎日試行錯誤しながら、選手の指導にあたっているよ」

彼とは年齢が一緒で、ドラフトも私と同じ1983年の入団組である。当時のプロ野球の指導といえば、鉄拳制裁は当たり前で、ときには理不尽とも思える指導が当たり前とされていた。私自身、「何か違う」と思いつつも、そうしたことをコーチの前で口にしてしまうのはもちろんのこと、フロントに相談するのもためらってしまうような状況だった。

「こうした理不尽な指導を乗り越えなければ、一軍で活躍できるチャンスがない」

そう考えていたのが、今から40年前のことだった。

それから時は流れて2024年——。指導者の意識は当時とは比べものにならないほど、大きく変わった。コンプライアンス重視のもと、選手を鉄拳制裁するなどもってのほか。叱責する状況でさえ、理性的に言葉を選んで指導するように配慮しなければならない。

私自身、新潟の監督を務めることになった2011年シーズンは、選手に対して熱血指導を行っていたのだが、ときには選手を強い口調で叱責することもあった。だが、当時は、「それでチームが強くなるのであれば」という空気も蔓延していて、半ば容認されていたような時代であった。

けれども今は違う。当時のような指導を行えば「指導者失格」の烙印を押されて現場から退場させられてしまう。事実、プロに限らず、高校野球や大学野球といったアマチュア球界の現場でも、そうした指導者が有無を言わさず立場を追われることも珍しくない。

それだけに池山二軍監督に限らず、今の指導者と呼ばれる立場の人たちは、私たちと同様に毎日のように頭をひねらせながら、選手の指導にあたっているに違いない。

一方でこんな思いもある。

はたして今の時代に照らし合わせた指導法で、チームを勝利に導くことができるのだろうか――。

どんなに人間的に素晴らしく、選手から「いい人」と思われていても、肝心の勝負ごとに勝てなければ、指導者として失格の烙印を押されてしまう。とくにプロ野球の世界は、プロであってアマチュアではない。「選手を育てること」と同時に、「勝つこと」も求められている。

この2つのミッションを貫徹するためには、選手たちに対して厳しい面をどう植え付けていくのかを考える必要がある。また、どういった考えのもとにチームを動かしていくのか、監督とコーチが考え方を共有していなくてはならない。結果を残せなければユニフォームを脱がざるを得ないのは、選手もコーチ陣と同じ条件ではある。それだけに監督は、「今の時代に合った指導法」を確立したうえで、チーム運営にあたらなくてはいけないと思っている。

そこで本書では、私が2012年から14年までの3年間、巨人のコーチとして在籍していた時代のことを中心に、勝ち続けるため必要な要素とは何だったのか。さらには令和の今の時代の選手たちに合った指導方法についてを、余すことなく語っていくことにした。

巨人時代に一軍監督として指揮していた原辰徳さんは、勝利に対する執念がものすごかった。監督晩年は采配面で批判されることもあったが、「ここが勝負どころだ」と見極めたときに発揮される決断力に驚かされることは、一度や二度ではなかった。そのあたりも紐解いていきたい。

同時に本書を通じて、野球の持つ魅力や奥深さ、難しさについて知っていただくことができれば、このうえない喜びである。

2024年6月

オイシックス新潟アルビレックス・ベースボール・クラブ監督　橋上　秀樹

第3章 監督になって知ることのできた野球の難しさ

第4章　選手のやる気を引き出すアドバイス

第6章　優勝するうえで必要な要素とは

第7章　「野球といえば巨人」の時代が終わったからこそ

第1章　私が巨人に戦略コーチとして呼ばれたワケ

2011年9月8日、私は読売ジャイアンツの球団事務所にいた

今から13年前の9月8日。私は東京・大手町にあった読売ジャイアンツの球団事務所の一室にいた。目の前には当時の専務取締役球団代表兼GM・編成本部長・オーナー代行の肩書を持つ清武英利氏が座っている。すぐ脇には中日対巨人戦のテレビが放映されていたのだが、この試合を私は清武氏と一緒に見ていた。

私が、ジャイアンツの球団事務所の一室に呼ばれたのは、「ある理由」があってのことだった。

この年、新潟アルビレックス・ベースボール・クラブ（2024年シーズンよりオイシックス新潟アルビレックス・ベースボール・クラブ）の監督を務めていた私は、縁あって巨人と神奈川県川崎市にあるジャイアンツ球場で、「プロ・独立リーグ交流戦」と銘打ち、7月6日と9月8日に一試合ずつ、合わせて2試合を対戦する機会を得た。

当時の新潟は独立リーグの一チームという位置づけで、プロの選手は一人もいない。対する巨人は日本プロ野球機構（以下NPB）のドラフト会議で指名されて支配下、もしく

は育成に所属する、れっきとしたプロ野球選手である。

新潟と巨人の実力を考えたとき、誰がどう見ても巨人のほうが圧倒的にレベルは上だ。しかも二軍とはいえ、伝統ある巨人のユニフォームを着た選手を見れば、新潟の選手はどうしたって怖気づいてしまうのも無理はない。

そこで私は、目に見える実力差を埋めるために、正攻法に加えて奇襲を仕掛けた。ヤクルトで6年、阪神で1年、楽天で4年、野村克也さんの下で学んだ「弱者の兵法」を使ったというわけだ。

奇襲を仕掛けるには、試合の状況を読み解かないといけない。通常の試合展開ならば、確率の高い作戦（セオリー）が優先されるのは当然だが、ここぞという場面になったとき、初めて奇襲という選択肢が生まれてくる。

このとき気をつけるべきは、野球は一球ごとに状況が変わってしまうということである。たとえば一死一、三塁という絶好の得点機でスクイズを仕掛ける場面。1ボール1ストライクと1ボール2ストライクでは、捕手の警戒度が違う。1ボール1ストライクのカウントだと、「次はスクイズがあるかな」と思うものだが、1ボール2ストライクとバッテリーが追い込むと、「次は強攻策だろうな」と考えてしまうものである。追い込まれてしまっては、打者はスクイズよりも打ちにいって、どうにかして1点をもぎとろうとするものだ――。そうした考えが捕手にはある。

だが、それでもあえてスクイズを強行したらどうなるだろう。「まさかやってこないだろう」という考えが相手バッテリーにあれば、そこにわずかな隙が生まれてくるものだし、打者の側も「ストライクゾーン近辺に思い切り腕を振って投げ込んでくる」と腹をくくっていれば、どうにかして転がそうという発想になっていくものだ。そうしていざスクイズのサインを出して、それを選手が成功させれば、間違いなく相手バッテリーは慌てふためく。

実際に巨人との試合ではこうした攻撃を仕掛けることもあったし、守備面においても思い切ったシフトを敷いてヒット性の当たりをアウトにしたこともあった。このような作戦がことごとく成功して、新潟のベンチからは歓声が上がり、対照的に巨人のベンチからは沈黙が流れていた。

そして試合は2つとも新潟が勝った。7月6日は接戦となったが、試合の終盤に逆転して3対2で勝利を収め、続く9月8日の試合は、10対0という新潟の大勝で終わったのである。

清武氏に中日対巨人戦の解説をした理由

この試合後、ヤクルトOBであり、当時巨人の二軍打撃コーチを務めていた荒井幸雄さん（現在はジャイアンツ・アカデミーのコーチ）が新潟のロッカールームに顔を出した。

「この後、少し時間とれるか？」

そう荒井さんから切り出されて私が「大丈夫です。何でしょうか？」と返すと、荒井さんはこう続けた。

「うちの代表が橋上君に会いたがっている。急なお願いで申し訳ないけど、大手町の球団事務所に行ってもらえないだろうか」

当時の巨人の球団代表をはじめ、いろんな肩書を持っていた清武さんが、新潟との２試合を観戦していたのだ。９月８日の試合では10対０と新潟がワンサイドで勝ったということもあり、いったいどうしてこれだけの試合ができたのか、私と会って話がしたいということだ。

ジャイアンツ球場の試合が終わった夕方、冒頭でお話しした巨人の球団事務所に足を運ぶと、清武さんが待っていた。一室に案内されて席に座ってほどなくしてから、清武さんがこう話を切り出した。

「あなたの野球観を知りたいんです。これから始まる巨人の試合をテレビで見ながら解説をしていただけないでしょうか」

私は断る理由がなかったので、二つ返事で了承した。中日と対戦したこの試合のスターティングメンバーは次の通りである。

1番　セカンド　藤村大介
2番　サード　寺内崇幸
3番　センター　長野久義
4番　レフト　アレックス・ラミレス
5番　ショート　坂本勇人
6番　ライト　大村三郎
7番　ファースト　ジョシュ・フィールズ
8番　キャッチャー　実松一成
9番　ピッチャー　澤村拓一

お気づきの人がいるかもしれないが、１番の藤村を除くとすべて右打者である。大村はロッテのサブロー（現・ロッテ二軍監督）のことであるが、彼はこの年の6月30日に工藤隆之との交換トレードで巨人に入団していた。また7番を打つフィールズは、この年の7月1日に巨人と契約を結び、7月14日に入団会見を行った選手。だが、打撃不振に陥って8月には二軍落ちし、その1カ月後の9月6日に一軍再昇格。この日はスタメンでの出場となっていた。

なぜ、このような右打者偏重の打線を組んでいたのか。その答えは、中日の先発投手であるエンジェルベルト・ソトにあった。

ソトは左腕投手である。前の年の２０１０年のオフ、中日の岩田慎司がベネズエラのウインターリーグに参加していたところに、ソトもいた。そのときのピッチングが中日関係者の目に留まり、翌11年の春季キャンプでのテストを経て、正式に契約を結んだという経緯があった。

変則的なスリークォーターから繰り出されるストレートの平均球速は１４０キロをわずかに超える程度。そう速さは感じなかったが、得意としていたのがチェンジアップ。このボールが実にやっかいで、対戦するチームは打ちあぐんでいた。巨人も例外ではなく、ソトを打つには右打者のほうが有効と考え、当時の原辰徳監督は右打者をズラッと並べた打線を組んだのだろう。

だが、私はこの点に疑問を感じていた。

「ソトに有効なのは、右打者ではない。打線のなかに左打者も置いておく必要がある」

そう考えていたからだ。

左投手が苦手としている右打者、得意としている左打者とは

清武さんが中日との試合前に、ソト対策の資料を見せてくれたことを今でもよく覚えている。ソトはストレートに加えてチェンジアップを中心に組み立ててくるから、巨人は右打者を並べてきたという。「これをどう思いますか?」と清武さんから聞かれた私は、すぐにこう答えた。

「ソトのようなタイプの左投手に対して、右打者をズラリと並べるのは、相手にとっては思うツボですね」

すると清武さんは「どうしてですか？」と尋ねてきたので、私はこう答えた。

「ソトはチェンジアップがメインの投手です。彼のような投手は、対角に勝負されることを非常に苦手としています。左投手のチェンジアップというのは、左打者の方向に落ちてくるボールになるので、抜けてストライクゾーンに入ってくると左打者は対応しやすい。反対に右打者からするとアウトコースに逃げていくボールとなるので、タイミングを合わせづらいボールになってしまうんです。その結果、左投手のチェンジアップを右打者が攻略するのが難しくなってしまうというわけです。

反対に左投手のスライダーは、右打者に向かってくるボールとなるので、ストライクかボールの見極めがしやすく、右打者のほうが攻略できる可能性が高い。同じ左投手でも、何がウイニングショットなのかにより、左右の打者の起用法が変わってくるのです」

このことは右投手にも同じことが言える。チェンジアップを得意とする右投手は、左打者にしてみればアウトコースに逃げていくボールになるので、左打者のほうが苦手としていることが多い。一方でスライダーを得意とする右投手の場合、左打者に向かってくるボールとなるため、左打者のほうが得意としていることが多い。こうした特徴を知っておかないと、つながりのある打線にはなりにくくなってしまう。

この点を理解せずに、たんに「先発が左投手だから」という理由だけで、右打者をズラリと並べたところで思うような結果は出せない。だから私は、「ソト対策として右打者を並べるのは有効ではない」と判断したわけだ。

私の予想通り、巨人打線はソトを打ちあぐねていた。5回、6回、7回とイニングを重ねてもソトを攻略できる気配がない。救いだったのは、巨人の先発である澤村も負けじとゼロを積み重ねていたことだった。

この年の中日は前年に引き続いてセ・リーグの2連覇を狙えるほど充実した戦いぶりを見せていた。その中日打線を相手に、当時ルーキーだった澤村が好投を続けている。どうにかして1点を取れば巨人が勝てる展開になると私は見ていたが、結局、ソトは8回3分の1を投げて被安打3、四球3、奪三振8の無失点に抑え、その後も延長12回までに4人の投手をつぎ込んで巨人打線をゼロに抑えた。

対する巨人も延長10回まで澤村が中日打線をゼロに抑え、2番手の久保裕也も残り2イニングを無失点に抑えて、試合は0対0の引き分けに終わった。

「あなたには〝チームの脳の部分〟の役割を担ってほしい」

それから3日後、清武さんから電話をもらった。

「来年からうちで野球をやりませんか」

中日との試合を解説しながら見ていたとき、私の解説内容が非常に納得のいくものだったと清武さんからお褒めの言葉をいただいた。話は続く。

「あなたには〝チームの脳の部分〟の役割を担ってもらいたい。手足や内臓の部分は代わりがありますが、脳の部分はそう簡単に変えることができません。そうした重要な位置づけにあるポジションであることを、いま一度理解していただいて、職務に就いていただきたいのです」

そうして任命されたポジションが、「一軍戦略コーチ」だ。プロ野球界初となる役職だ。巨人をリーグ優勝と日本一に導くために、どんな戦い方が必要なのか、策を練る必要があったが、そう難しい作業ではないと考えていた。

当時の巨人は、原さんが二度目の監督となった２００６年以降だけ見ても、07年から09年までのセ・リーグ3連覇、さらに09年は日本シリーズで日本ハムを破って7年ぶり21度目の日本一と、投打ともにチームに力があった。

たしかに2010年、11年とセ・リーグは中日が連覇を果たしていたが、巨人と中日の戦力を比較した場合、攻撃力は巨人のほうが圧倒的に上だったし、投手陣に目を向けても、先発、中継ぎ、抑えと決して中日に引けをとるような戦力ではなかった。

さらに若手に目を向ければ、有望株の坂本勇人を筆頭に、2008年に山口鉄也、09年に松本哲也、10年に長野久義、そして11年には澤村拓一と、4年連続で巨人の選手が新人王を獲っていた。チーム力の向上を考えたとき、伸びしろは無限にあるように見えた。

だからこそ繰り返すが、巨人を再び優勝させるのはそう難しいミッションではないと思えた。ちょっとだけ狂った歯車を修正できれば、2012年シーズンは間違いなく優勝候補の筆頭となるだろう――。そう読んでいた。

「原監督も歓迎しています」と言ってくれた清武さん

さらに清武さんはこんな話までしてくれた。

「原監督に橋上さんのことをお話ししたら、非常に喜んでくれていましたし、『わが巨人軍に来てもらえるのを楽しみにしている』とおっしゃっていたんです」

たいへん光栄な話である。そこまで期待してくれているのならばと思い、私は巨人への入閣を承諾した。当時、監督を務めていた新潟は2年契約だったので、球団関係者に事情を説明した。この年の新潟は、２００７年にＢＣ（ベースボール・チャレンジ）リーグに参加して以来、初めて地区優勝を飾ることができた。ひとまず私なりに結果を残すことができただけに、まだまだやり残したことがあるという思いにかられていたのも事実だが、球団側からは、

「わがチームの選手をＮＰＢに送り込むことと同じくらいにうれしい出来事ですよ」

と言っていただいて、円満に退団する運びとなった。そしてこの年の10月に開催されたドラフト会議では、新潟から２人の投手が巨人から育成枠で指名を受けた。このことは私にとっても大きな喜びとなった。

その後、11月１日に巨人の一軍戦略コーチに就任することが正式発表された。清武さんの肝いりで設立された戦略室の中心を担うことになったのだが、記者会見の席で私は、

「野球は頭を使うスポーツ。試合のなかで助けになるよう、ミーティング改革をしていきたい」

と話した。この時点で、私はまだ原監督をはじめ、巨人の一軍首脳陣と顔合わせはしていなかった。それだけに、どういった話から始めればいいのか、あれこれ思案していたのは、今でもよく覚えている。

「清武の乱」によって、〝招かれざる客〟となった私

ところが――。晴天の霹靂とも言える、予想もしない事態が突如として起こった。

2011年11月11日に、清武さんが文部科学省の記者クラブで弁護士を伴って、「読売巨人軍のコンプライアンス上の重大な件」と題した記者会見を行い、渡邉恒雄取締役会長(親会社の読売新聞グループ本社代表取締役主筆)を痛烈に批判した、いわゆる「清武の乱」が勃発した。その結果、7日後の18日に清武さんはこの問題を理由に、球団代表はもとより、読売ジャイアンツ球団内におけるすべての職を解任されることになった。

問題は清武さんが抜けた後に残った私という存在である。球団代表の清武さんから話を受けて巨人に入団することになったのだが、実際に秋季キャンプが行われていた宮崎に向かうと、私が来季からコーチとして入閣することは誰一人として聞いていなかったのだ。

事前に聞いていた話とあまりにも違うため、私の頭のなかは、「いったいどうなっているんだ?」とクエスチョンでいっぱいだった。

頭のなかが混乱したまま原監督の元にあいさつに行くと、

「実はオレはあなたがチーム内で、何の、どういった任務にあたることになっているのか、球団からはまったく聞いていないんだ。正直なところ、どうしたらいいのか戸惑っているんだよ」

という話になった。清武さんが話していた「原監督に橋上さんのことをお話ししたら、非常に喜んでくれていましたし、『わが巨人軍に来てもらえるのを楽しみにしている』とおっしゃっていたんです」という話はいったい何だったのか、私の感情は戸惑いから疑心暗鬼に変わっていった。

おそらく清武さんの構想では、先に人事を決めてしまってから原監督に報告しようと考えていたのだろう。だが、清武さん自身が起こした行動で自らの職を失い、私自身の説明が原監督以下首脳陣に説明できずに終わってしまった。そのため、私は宙ぶらりんの状態に陥ってしまったのだった。

そもそも私は清武さんが決めた人事でやってきた人間だ。一部のコーチのなかには、

「清武さんのスパイだ」「清武案件」などと揶揄する人もいたかもしれない。言うなれば、現場の人たちからしてみれば、私は〝招かれざる客〟となってしまったわけだ。

こうして抱いていた期待感が一気にしぼみ、私は突如として逆風にさらされることになった。

本気で巨人の強さを知りたくなった

数日後、私は東京で清武さんに代わって新たに球団代表に就任した原沢敦さんと話し合いの場を持つことになった。

「私がきたことを、ジャイアンツの首脳陣の方は誰も存じておりませんでした。もしこのまま私が居残ってしまったことで、首脳陣同士の風通しが悪くなったり、迷惑になるようなことがあれば、私の話はなかったことにしていただいても構いません」

そう言うと、原沢代表は、

「あなたの気持ちもわかる。だが、球団として一度交わした約束なので、決して反故にするようなことはいたしません」

原沢代表の申し出を私はありがたく受け取っていた。同時に、「巨人というチームの強さ」について、本気で知りたくなっていた。

現役、指導者時代を通じてそれまでユニフォームを着たことのあるヤクルト、日本ハム、阪神、楽天と違って、巨人には脈々と受け継がれてきた伝統とそれによる強さがある。それを肌で感じながら見られる機会など、野球人としてそうあることではないと考えていたからだ。

それに楽天時代に監督として仕えた野村さんからも、巨人の偉大さというものを、試合後の食事の席でよく話を聞いていた。野村さん自身、ヤクルトの監督時代によく巨人を率いていた長嶋茂雄さんのことを揶揄することもあったが、それは巨人を見下していたからではなく、負け犬根性が染みついた私たちに勇気を持たせるために振る舞っていたのだろう。

さらに野村さんは原監督についても言及していた。「オレにはマネできない」という原さんの采配を随所に評価していたところもあれば、「アイツは何を考えているんだ」とややもすると批判するような発言も聞いた。だからこそ、巨人の野球を間近で見られるというのは、一野球人としてこの先必ずと言っていいほど大きな財産になる――私はそう確信していたのだ。

後日、野村さんに巨人の戦略コーチに就任したことを報告したときに、こんなアドバイスをいただいた。

「いいか、巨人では野村の『野』の字は絶対に出すんじゃないぞ」

つまり、「自分たちで学んだ理論なのだから、他のチームに行くのであれば自分の意見としてやらなければいけない」ということを言いたかったのだ。なるほどと納得するのと同時に、身が引き締まる思いがした。

こうしたプロセスを経て、「読売ジャイアンツ　一軍戦略コーチ・橋上秀樹」が誕生したのである。

第2章　私が経験した原野球

「こちらが困ったときは必ず質問する」と言ってくれた原監督

２０１２年シーズンから巨人の一軍戦略コーチとして始動することになったものの、首脳陣は当初、私とどうコミュニケーションをとったらいいのか迷っていたように思えた。なにせ「清武さんが引っ張ってきた人物」というイメージが強かったからだが、私は清武さんと仲がいいわけではなかったし、そもそも前年の９月８日の新潟と巨人との試合後に、初めて顔合わせをした間柄でしかなかった。

だからといって、原監督を含めた首脳陣に遠慮をする必要はないと考えていた。私は私で、どういった野球をやっていくべきか、指導者として初めて相対するセ・リーグの野球というものを、あらためて分析しながら、与えられた職務をまっとうしていこうと思っていた。

「一軍戦略コーチ」という肩書は球界初と言われていたが、チームとしての機能をスムーズに発揮するためにどんな役割を担うのかはあいまいだった。無理もない。「戦略コーチ」を発案した清武さんはもう球団にいないこともあり、私に対する扱いが不明確なままだった。

そうしたなか、一つ私が決めたことがあった。それは、「ユニフォームを着ずにベンチ入りすること」だった。背番号は73をもらっていたが、ベンチ入りするコーチの上限が決まっていること、さらに私がユニフォームを着ていないことで、首脳陣や選手たちが何かデータに関して質問したいことがあったときに、すぐに見つけられるのではないかと考えていたからだ。

野球は一球ごとに局面が大きく変わる。私に何か聞きたいと思っても、その場面が終わってしまえば、聞きたかったことが消えてしまうなんてこともしょっちゅうある。だからこそ、私がユニフォームを着ないことで、「橋上はここにいるぞ」という存在を示すのに役に立つのではないかと思っていた。

実際に原監督は、

「こちらが困ったことがあったら君に必ず質問をする。そのようなときは、私に一切遠慮せずに答えてほしい」

と言ってくれたのだが、これは本当にありがたかった。私自身、清武さんが引っ張ってくれた身であるということはいったん置いて、原さんの言葉からは「チームの勝利に最善を尽くすためにも、あらゆる力を結集させる」という指揮官の姿が見てとれた。

試合が進行するなかで、どんな作戦を講じればよいのかだけでなく、チームの戦力として「機能している選手」と「機能していない選手」はそれぞれ誰なのかといった部分まで、事細かに目を光らせてチェックすることを怠らなかった。

チームがどん底状態のときに開かれたミーティングで、原監督が求めていた答えとは

いざ2012年シーズンが開幕すると、巨人は連敗に連敗を重ね、最悪のスタートとなった。ヤクルトとの開幕戦を完封負けで落とし、1勝2敗で負け越すと、続くマツダスタジアムでの広島戦は3連敗、甲子園での阪神戦も1勝2敗とまったくいいところがなかった。さらに5勝11敗1分けで迎えた神宮球場でのヤクルト3連戦で3連敗を喫し、借金9で最下位に低迷した。

神宮で3連敗を喫した試合後、原監督の号令のもと、首脳陣全員が集まって緊急ミーティングを行うことになった。

「見ての通り、今のチームはどん底の状態にいる。みんなで知恵を出し合って、打開策を

講じたい。遠慮なく意見を言ってほしい」

原監督はそう言ったのだが、あるコーチが、

「打順の入れ替えを検討したほうがいい」と提案したかと思えば、ほかのあるコーチからは、「セカンドのスタメンに別の選手を入れるべき」という主張が。けれども、どのコーチの意見に対しても、原監督は、「うーん……」と首をひねったままでいる。その姿を見て、「原さんが求めている答えではないんだな」ということが感じ取れた。

そのときである。原監督から、「橋上、君はどう思うんだ?」と聞かれたので、はっきりとこう答えた。

「小笠原（道大）の起用法に悩んでいるのではないですか?」

直後に原監督はうなずいて、

「よく言ってくれた。実はオレも小笠原の起用法に悩んでいたんだ。たしかに彼はチームを３連覇に導いてくれた功労者だが、君の言葉で踏ん切りがついた。今後は小笠原の起用法を見直そうじゃないか」

そう言ってくれたのだ。

小笠原の処遇に悩んでいた原監督

小笠原は日本ハムをパ・リーグ優勝、日本一に導く活躍を見せた2006年オフに、FA権を行使。その際、原監督自ら出馬して獲得に動いた経緯がある。原監督が言うように、2007年からのセ・リーグ3連覇に加えて、09年の日本一は彼なくして語れない。

だが、前年の2011年シーズンから成績が下降。この年から使用されたボール（飛距離を抑えた統一球）によって、小笠原の打撃成績は下降しているとも言われていた。

しかし、37歳になった彼の衰えによる影響もあったのではないかと、私は考えていた。

そうしたなか、2012年シーズンの小笠原は、開幕を「7番・ファースト」で迎えたのだが、調子が一向に上がってくる気配がない。これまでチームに貢献してきた実績があるうえに、不振を打破するために懸命にもがき続ける小笠原の姿を見ていると、おいそれとは外せない。それゆえに原監督も迷いに迷い続けていたのだろう。

さらに追い打ちをかけるように、チームも低迷したままでいる。仮にチーム成績が好調であれば、下位の打順で起用しながら復調を待つというやり方があったかもしれないが、残念ながら時間的な猶予はない。

現状を打破する効果的な方法は何があるのか――。原監督のなかでは、「小笠原をスタメンから外す」ことを決断しようと考えたのだが、踏ん切りをつけられずにいた。そこへ私が小笠原の起用法を指摘したことで、覚悟を決めることができたのだ。

その後、小笠原は４月26日と30日に８番で起用された。しかし、それ以降は９月11日から15日までスタメンに名を連ねたのを最後に、残りの試合においてスタメンで起用されることはなかった。

この年、巨人は３年ぶり34回目のセ・リーグ制覇に加えて、22回目の日本一を達成したが、決して安泰だったとは言えないシーズンだった。前年にそれまで４番を打ってチームに貢献してくれたラミレスがチームを去り、この年は最後まで小笠原の状態が浮上することはなかった。

両者とも衰えによる不振だったことは明白だったが、原監督が「小笠原をスタメンから外して新たな打線を形成していく」と覚悟を決めたことで、シーズンが終わる頃には「阿部慎之助のチーム」へと変貌を遂げることができたのである。

原監督の野球観、巨人というチームに求められる戦い方とは

巨人に入って数カ月が経過したとき、私は原監督の野球観を知っておきたかった。これまでどんな野球生活を送ってきたのか、影響を受けた人は誰だったのか、采配や戦術、選手起用についてはどう考えているのか。原監督の野球観を知ることによって、

「私はこの監督のもとで、こういう仕事をしていこう」

と判断できるようになるからだ。

もし監督の野球観がわからないままだと、戦略コーチとしてどういう仕事をしていけばいいのかがつかめないままになってしまう。

あるとき、原監督にこんな質問をしてみた。

「原監督の野球観を知りたいので、ぜひ目指す野球というものを教えていただけないでしょうか」

すると原監督の答えは、

「それはないよ」

あっさり否定されてしまったのだ。あまりにも意外すぎる答えに、私はなんだか拍子抜

けしてしまったのだが、一方では「君には本音は言わないよ」と隠されたような思いもした。

２０１２年時点でいえば、原さんは監督として9年目を迎えていた。監督としてのキャリアもさることながら、セ・リーグ優勝4回、日本一２回と実績も十分。それだけにどんな考えで采配を振るっているのかに関心があったのだが、このときは原監督の真意がつかめなかった。

だが、原監督とシーズンを通して共に戦ってきて、少しずつ気づいたことがあった。それは、「勝ち方に対するこだわり」だ。

私が野村さんのもとでヘッドコーチを務めていた楽天での4年間、勝ち方のバリエーションは豊富にあるものだと考えていた。相撲で言えば、寄り切りや押し出しではなく、けたぐりやいなし、場合によっては八艘飛びといった、奇襲のような技を駆使してでも最後に勝てばいい――そう考えていた。

けれども巨人でそのような提案をすると、原監督からは決まってこう返された。

「橋上、君の言いたいこともわかるが、ここは巨人だぞ」

当時の巨人は投打ともにバランスが整っていた。相手チームは横綱と思って挑んでくる。

楽天のように戦力が乏しく平幕のような立場のチームであれば奇襲を用いることも必要だが、横綱が奇襲を用いることはない。だからこそ、四つ相撲を取り切って寄り切りや押し出しで勝つというのが、原監督の考える野球だった。

そこで私が選手を前にミーティングを行うときに、こんな話をしたことがあった。

「巨人くらい戦力が整っていたならば、あまり奇襲はいらないと思います。もし奇襲を用いるなら、チームバランスが崩れていたり、選手のモチベーションが下がったりしているときに用いるくらいではないでしょうか。反対に相手は奇襲を使うこともあるかもしれませんが、相手のペースで試合をしないようにすること。これを心がけるべきです。四つ相撲で寄り切ることを考えていきましょう」

選手たちは長丁場のペナントレースに入って連敗が続くと、自分たちが目指すべき野球の方向性を見失ってしまうときがある。そんなときにミーティングの席でこうしたメッセージを選手たちに伝えて、

「もう一度原点に立ち返って野球をやろう」

という気にさせることも、私の役割の一つであったのだ。

負け方にもこだわりを持った巨人

巨人に入って発見したことがもう一つある。巨人というチームは、勝ち方にこだわるのと同時に、「負け方も大事」というのがあった。

ある試合で投手が大量失点をして、同一カード３連敗を喫した試合の直後、投手コーチとバッテリーコーチが原監督から大目玉を食らっていたことがあった。私はたとえ大敗しても、「長いペナントレースにおいての単なる１敗」としか考えていなかったが、原監督は違った。同じ負けるにしても、「大敗は許される負け方ではない」というわけだ。そう考えるには理由があった。

巨人は日頃から多くのファンが東京ドームに見にきてくれる。なかには初めてドームで野球を見るという人や、年にたった一度の野球観戦で東京ドームを訪れるという人もいるだろう。そうした人たちに対して、みっともない試合などできない、というのが原監督の持論でもあった。

こうした考えは原監督に限らず、かつて巨人を率いた川上哲治さんや長嶋茂雄さん、王貞治さんも同じ思いを抱いていたと聞く。大勢のファンの前で屈辱的な試合をしてしまい、ファンをガッカリさせるなんてもってのほか――。という意識で試合に臨むのは、ある意味、巨人ならではかもしれない。

私が現役時代の大半を過ごしたヤクルト、コーチとして在籍した楽天は弱小チームだった時期が長かったし、試合で大敗することもしばしばあった。それは長いペナントレースを戦っていくうえで、「そのようなこともある」と割り切っていたこともあったが、巨人ではそれが許されないということに、ある意味、新鮮なカルチャーショックを受けていたのも事実だった。

巨人には左投手が有効である

一方で、巨人打線を抑えるための方策として、他のチームからこんなことがよく言われていた。

「巨人に勝つには左投手を当てろ」

これはヤクルト時代の野村さんも常々言っていたことである。巨人は伝統的に左投手に弱い。俗に言う「巨人キラー」と呼ばれた歴代投手の、対巨人戦における勝利数のトップ

10には、左投手が4人入っている。

名前を挙げると、金田正一さん（第1位・65勝）、山本昌（第3位・43勝）、江夏豊さん（第6位・35勝）、川口和久さん（第10位・33勝）らである（2024年3月時点のデータ）。

右投手の数が上回っている（6人）ので極端に苦手ということはないだろうが、野村さんはとくにこの点を意識してか、

「先発の力量があるなしにこだわらず、巨人には左投手を起用するんだ」

と口酸っぱく言っていた。

楽天の2006年時点のエースは右腕の岩隈久志だったことは誰もが認めるところだが、こと左となると、誰一人としてそう呼べる投手がいなかった。そこで有銘兼久や川井貴志といった、プロでは実績の乏しい左投手を巨人にぶつけることも実際にあった。

巨人時代の2012年シーズン、ヤクルトとの開幕3連戦で、石川雅規、村中恭平、赤川克紀と3人の左腕をぶつけられ、1勝2敗と苦しめられた。その後も巨人と3連戦を戦うなかで、1人は左投手をぶつけられることが多かった。

このとき私は、巨人に入ってあらためて、「左腕を苦手にしていると思われているんだな」ということを認識した。

能見のフォークボールの対処法について考えた

そうしたなか、巨人が当時、もっとも苦手としていたサウスポーがいた。阪神の能見篤史である。

能見は高校から社会人を経て、2004年のドラフト自由獲得枠で阪神に指名され入団。デビューしてから数年は中継ぎでの起用が主だったが、2009年7月19日の巨人戦で9回を2安打無失点12奪三振で勝利投手になって以降は、先発で活躍し続けた。2011年には初の開幕投手を務め、5月3日の巨人戦での9回完投勝利によって、1979年に小林繁さんが達成した対巨人戦8連勝の記録に並び、まさに阪神の屋台骨を背負う奮闘を見せていた。

そして2012年シーズンも開幕投手を務めた能見は、4月6日の甲子園での巨人戦で澤村と投げ合い、9回を2安打2四球10奪三振で完封勝利を収め、文字通り「巨人キラー」となっていた。

能見がやっかいだったのは、ストレートとフォークボールの腕の振りが同じで、投球フォームにも欠点がなかったことだ。となれば、配球を読んで打つよりも、よりシンプルかつわかりやすい対策を立てるのがベターだと考えていた。

そこで私が編み出した対策は、「地蔵作戦」。ふざけているのではない。真剣な作戦である。

フォークボールは「ストレートだ」と思ってバットを振り始めたら、打者の手元でストンと落ちる球種である。それゆえにストレートとフォークボールを見極めようと思っても、見抜くのは容易なことではない。とくに能見は追い込んでからフォークボールを投げたときの精度が高く、ちょっとやそっとで見極められるような代物ではなかった。

能見を苦手としていた要因はほかにもあった。チームのなかで「見送り三振をするのはよくない」という考え方が浸透していた。見送っているだけでは何も起こらないから――というのが、見送り三振をよしとしない理由だった。

つまり、追い込まれてしまうと、「見逃し三振をしてはいけない」という意識が強く働いてしまうため、そこを阪神バッテリーにうまく突かれて抑えられていたというわけだ。その結果、阪神バッテリーが巨人打線を2ストライクに追い込んだ時点で、勝負は阪神に有利に流れていたことになる。

そこで私はあえて能見の攻略法として、「ストライクゾーン低めギリギリに投げられたボールはすべて見送る」という策を徹底させようとした。つまり、地蔵のようにピクリとも動かないことで、「地蔵作戦」と命名したわけだ。

4月28日の東京ドームでの阪神戦の試合前、私が編み出した作戦を当時の村田真一ヘッドコーチに伝えると、「一度監督に伝えて確約をとってから選手に伝えるようにしてくれ」と言われたので、原監督に私の考えた能見対策を伝えた。

すると原監督は、「よし、それやってみよう」と快諾してくれた。

「責任は私たちがとる」そう覚悟を決めた能見対策

原監督は新しい作戦に対しては強い関心を示すところがあった。それが確率の高いものだと判断すれば、「一度は試してみようじゃないか」とポジティブに考えて決断することもしばしばあった。この点は原監督が結果を残すことのできた理由の一つだったとも言える。

そうして全選手を前にしたミーティングが始まり、私は能見対策としてこう伝えた。

「2ストライクに追い込まれたら、ひざ元に投げ込んできたボールはすべて見逃していいからな」

この直後、一瞬、「えっ⁉」と驚いた表情を浮かべる選手が何人かいたのだが、私は続けてこう言った。

「結果、見逃し三振したっていい。徹底的にやっていこう」

どんな好打者でも、ボールゾーンにきた球を振っていたので、ヒットが期待できない。ましてや相手は阪神でもエース格の能見だ。ただでさえ集中打が期待できない投手なのに、追い込まれてから低めへストライクからボールゾーンに落ちるフォークボールを投げられたら、ひとたまりもない。

それなら高めのストライクゾーンに投げさせるように、私たちが仕向けていけばいい。そのための方法が、「地蔵作戦」だったのである。

選手たちにはあらためて能見のフォークボールの軌道の確認をさせた。彼がフォークを投げるのは、ひざ元低めからボールゾーンである。それだけに見送ればボールになる確率が高い。

このことを繰り返し言っていたのだが、同時にフォークボールを見逃すことは、相手バッテリーにも「おや？　今日の巨人打線は何かが違うぞ」と思わせることにもつながる。

そうして阪神バッテリーが疑心暗鬼になってくれたら――そんな考えもあるということも、

選手たちには伝えていた。

もちろん低めにストレートのストライクを投げられ、三振してしまうことだってあるだろう。けれども、それも織り込み済みであることを、選手に繰り返し説いて、最後に私はこう言った。

「たとえ見逃し三振してもいい。その責任は私たち首脳陣がとる」——。

こうしてチームとして、能見対策の意思統一を行うことができた。

「いつもと違う」違和感を覚えた阪神バッテリー

試合が始まると、選手たちはミーティングでの私の言葉を忠実に実行してくれた。2ストライクに追い込まれてから、ひざ元にストライクのストレートを投げられて見逃し三振に打ち取られる場面もあるにはあった。

それでも予想通り、阪神の捕手だった小宮山慎二は、巨人の打者を2ストライクに追い込むと、能見に対してフォークボールを要求するものの、誰も手を出そうとしない。いつもと違う見極め方に対して、小宮山は、

「あれ？　おかしいな？　今日の巨人打線はいつもと違うぞ」

と、何かを考えているようなしぐさをしている場面があった。

私はその光景をベンチ内で見ながら、「よしよし、それでいい」としたり顔だった。「これならいずれ能見をマウンドから引きずり降ろすことができる」。そう考えていた。

案の定、能見はこれまでとは違って不安定な投球が続いた。３回までに奪った三振が５つと、三振を奪っていたものの、６安打２四球５失点で自責点３と、これまでとは違い巨人打線を抑えることができなかった。

結局、能見は３回限りでマウンドを降りることとなり、試合も７対２で巨人が勝った。さらにその後も能見とは５月４日、７月７日、９月15日と３度対戦する機会があったが、通算で３勝２敗と、２０１２年シーズンの巨人は能見に対して勝ち越すことができた。

それだけではない。この地蔵作戦をほかの対戦相手にも実行したことが好結果を生み出した。チームとしての打撃成績が向上したのである。

具体的にはチーム打率が前年の２割４分３厘から２割５分６厘、安打数が１１４５本から１２１６本、四球数が３２３個から４５５個、三振数が１００３個から９５２個、出塁率が２割９分８厘から３割２分６厘、得点が４７１点から５３４点と、すべての数字が向上したのだ。

このことで選手たちも自信を深めた。「追い込まれてからもあえて見逃す」という作戦が、相手バッテリーに心理面で揺さぶりをかけることができることを知ったのは、それまでの巨人の野球に対して一石を投じるという意味でも大きかったのではないか。当時の私はそう考えていた。

巨人の試合が早く終わる理由は、こんなところにあった

２０１２年シーズンの巨人はシーズン中盤からぐんぐん成績を伸ばしていき、冒頭でも記したように、最後は首位で巨人がゴールテープを切ることができた。とくに夏場から終盤にかけてのチームは絶好調となっていった。８月は17勝７敗３分け、９月は15勝７敗３分けと、この２カ月だけで貯金を18もプールしていた。

優勝するチームは夏場からの戦い方に強さを感じるものだ。とくに巨人の場合は、優勝慣れしていることもあって、春先から梅雨の時期あたりまではのらりくらりと戦っていくが、暑くなる夏になると、徐々にムチが入っての終盤は勝ち星を積み重ねていく。それも

選手の力があってこそなせる業なのであるが、私はこのとき巨人の強さの秘訣というものを垣間見た思いがした。

一方でこのシーズン途中で、原監督はこんなことを口にするようになっていた。

「やっぱりオレは見逃し三振は認められない」

バットを振ればゴロやフライになって、「何かが起こるかもしれない」という期待感があるものだが、２ストライクから見逃してしまうと、何も起こらないどころか、三振してアウトになってしまうことに対して、原監督は許せなかったのだ。

私が主張したいのは、見逃すことはチームで統一した作戦である。仮に一人が三振にしても、相手バッテリーが迷いだせば、その後の打者に影響が出始める。それを承知で伝えていたつもりだったが、いつしか「ファーストストライクを狙い打て」「２ストライクに追い込まれたら、積極的に振っていけ」という策に逆戻りしていた。

昔から「巨人戦は試合が早い」と言われていたのだが、これは江川卓さんや上原浩治に代表されるように、コントロールに長けた投手が巨人に多かったからだという見方もできるが、私は「ファーストストライクから打ちにいった結果、アウトになる確率が高くなって試合がテキパキと進んだから」だと思っている。

実際、ファーストストライクをただ打つだけでなく、「仕留める」のは難しい。相手投手の球種やボールの高低、内角なのか外角なのか、さらには相手投手とのタイミングをはかる点にいたるまで、すべてにおいてドンピシャにならなければ仕留めることはできない。

仮にすべての条件をクリアして、内外野にいい当たりが飛んだとしても、相手の野手の正面に飛んでしまえばアウトになってしまう。ここに野球の持つ奥深さと難しさがあるのだが、ことファーストストライクを仕留めて安打を放つということは、とくにハードルが高いものだと考えていた。

だが、それを可能にしたのは阿部を筆頭とした巨人の各打者の打撃技術の高さである。高橋由伸、坂本勇人、長野久義といった主軸は、たとえば打撃練習でスライダーを投げられても、ものの1球で仕留めてしまう。私がヘッドコーチとして在籍していたかつての楽天だと、スライダーを仕留めるのに2〜3球を要してしまう。

こうした技術の高さは、練習のなかで培っただけでなく、もともと備わっていた資質によるところが大きい。それだけに原監督が待球をよしとせずに、難しいとされるファーストストライクからスイングしていくことを命じていたのは、選手の高い能力によるところも大きいのだと、私はこのとき思い知らされたのだ。

ギャンブル性の高い作戦を好んだ原監督

一方で原監督は、ギャンブル的な采配を用いることが多かった。

たとえば同点、もしくは1点ビハインドの場面の試合の終盤で、２アウト走者一塁という場面で打席に投手が入ったとする。通常であれば投手ではなく、代打を起用してどうにか得点を奪おうとするのがセオリーだ。

だが、原監督は投手をそのまま打席に立たせて一打席を任せる……かと思いきや、初球に一塁走者を盗塁させて、二塁に進めたところで、代打を送る、ということをしばしばやっていたのだが、この策が効果的であるようには思えなかった。

仮に初球がストライクだったとして、打度に入って一球見逃してストライクをとられようものなら、あっという間に追い込まれてしまう。そうなると、相手バッテリーは極端な話、「3球ボール球でもいい」という心理的に余裕が出てくる。反対に打者は「何が何でも打たなければいけない」と心理的なプレッシャーがかかって、ストライクからボールになるゾーンに投げられたら、手を出してしまいがちになる。当然、結果は芳しいものではない。

このようなとき、原監督はベンチで、

「まともにストライク勝負してくるわけがないだろう」

と怒り心頭に発することもあったのだが、起用される選手の側からすれば、すでにワンストライクになっていることで、ハンディキャップを背負った場面でどうにか対処せざるを得ない。

ただし、これは原監督の長い監督経験のなかから導き出した作戦だったように思える。つまり、「あえて投手に代打を出さずに打席に立たせ、初球に一塁走者を走らせば、高い確率で成功するだろう」と分析していたからこそ、成立した作戦だったというわけだ。

選手たちは「監督の求める野球をやるだけ」と語っていた

実際にこの作戦が成功したこともあった。一例を挙げると、二軍チーフコーチとして在籍していた２０１９年８月24日の東京ドームでの巨人対横浜ＤｅＮＡ戦でのこと。試合は６対６のまま延長11回裏の巨人の攻撃を迎えた。

先頭の重信慎之介がライト前ヒットで出塁すると、次の打者となる田口麗斗（現・ヤクルト）に代打を送らず、そのまま打席に立たせた。

普通、この場面で投手の田口を迎えたならば、相手の首脳陣は、「バント」だと判断するはずだ。だが、マウンドのエドウィン・エスコバー（現・シカゴ・カブス傘下）が初球を投げるとバットを引いてボール。そして次の１球を田口に投じると、重信は二塁へスタート、キャッチャーの嶺井博希（現・ソフトバンク）から二塁への送球はショート側に大きく逸れて、盗塁を決めた。

するとこの直後、原監督は主審に代打を告げて、田口から石川慎吾（現・千葉ロッテ）へとスイッチ。カウント３ボール２ストライクからエスコバーが投げたストレートをとらえ、右中間にプロ入り初となるサヨナラ本塁打を放った。

この場面、重信が一塁に出たとき、２つのセオリーがあった。一つは、「田口を打席に立たせるのならば、送りバントのサインが出るだろうという読みがあること」、もう一つは、「田口を迎えた時点で代打を送ること」だ。どちらも正攻法としてはアリだと考えるのが普通だ。

けれども原監督は違った。田口に送りバントをさせずに、また石川をすぐに代打に送らなかった。あくまでも「重信の盗塁が最優先されるべき作戦」であり、それが決まれば次の手を打つ、という方法に出たのだ。

もし石川が凡退したとしても、次に控えていたのは、2番の坂本勇人、3番の丸佳浩、4番の岡本和真だった。つまり、いちばん信頼できるクリーンアップにつながるからこそ、「まずは盗塁で一塁走者を二塁へ進めてしまおう」と考えたわけだ。

こうした原監督の作戦に賛同できる、できないというのは、つまるところ野球観の違いということになってくる。だからこそ選手たちも、

「僕らは監督の求めるレベルの野球をしていくだけですから」

とよく言っていたものだが、彼らと同じく私自身も、日頃から原野球を理解するのに余念がなかった。

2014年のクライマックスシリーズで敗退した責任をとって、ユニフォームを脱いだ

2年目の2014年、日本シリーズで楽天に第7戦で負けた日の夜、私は原監督に呼ばれてホテルの一室で話し合いを持った。このときに原監督から言われたのが、

「来季は責任の所在を明確にしたいから、『打撃コーチ』の肩書でやってくれないか」

私も納得したのと同時に、「これで来シーズン打てなかったら巨人に残るのは厳しいだろうな」という覚悟もした。

実際に２０１４年シーズンもリーグ優勝を果たし、12年から3連覇となったわけだが、クライマックスシリーズのファイナルステージでは阪神に4連敗を喫して、シーズンが終焉した。後日、私は球団から呼ばれたのだが、「来季はどうするのか」という話になるのだろうと考えていた。

実はこの年のシーズン終盤に、私が来季から楽天でコーチを務めるという報道が、一部のスポーツ紙から出ていた。実際には条件提示など一切なく、報道だけが先走っているような内容だったが、巨人の球団関係者はこの記事を目にしていたのだろう。

「解任ではなく、『辞任』というかたちで身を引いてもらえないだろうか」

球団幹部からこうした話が出たときに、私は「いいですよ」と二つ返事で了承した。

何度も申し上げるが、私はもともと清武さんが招聘しようとした人間である。私自身にそんなつもりはなくても、巨人の内部で「清武のスパイ」という見方をされていても不思議ではなかった。しかも戦略コーチから打撃コーチへと肩書が代わり、首脳陣のひとりとして期待に添えられるような実績を残すことができなかっただけに、私自身はすべてを納得しての退団となった。

このとき、私は原監督とはとくに話をしなかった。おそらく私がユニフォームを脱ぐことは知っていたはずだが、私の処遇については、原監督とフロントとの間で協議して決まったことだという認識があった。

巨人は、一見すると盤石そうに見えたが、チームの大黒柱だった阿部が30代半ばに差しかかり、世代交代の時期に入っていた。そのうえ2度の3連覇を支えたエース内海哲也（現・巨人二軍投手コーチ）も30代前半となり、若い菅野智之にエースの座を明け渡す時期にさしかかっていた。

それだけに翌2015年以降のシーズンは、優勝争いには絡むだろうが、これまで通りの戦い方といかないだろうなと感じるものはあった。しかしそれもドラフトやFAでの補強がうまく行えれば心配ないだろうという見方もしていた。

ところが、実際は2015年から18年まで4年連続で優勝を逃す結果となった。長年巨人を支え続けていた阿部、内海が下降線をたどり、盤石なリリーフ陣の山口鉄也（現・巨人二軍投手コーチ）、西村健太朗、スコット・マシソンの3人が、いずれも勤続疲労によるケガの影響でかつてのような力を発揮できない状況となっていた。

とくに山口と西村の２人は、２０１７年シーズンを最後に一軍登板が途絶え、翌18年に揃って現役引退を発表した。彼らに取って代わるような人材をすぐに用意できるわけがない。巨人はこの頃からリリーフ陣に陰りが見えだしていた。

巨人は２０１９年、20年と連覇をしたものの、21年以降の３年間は優勝できなかった。かつてのような強力なリリーフ陣をシーズンを通して形成できなかったことも一因として挙げられる。それだけに、24年シーズンはどういった戦いをしていくのか、注目したいところである。

第3章　監督になって知ることのできた野球の難しさ

ヒットエンドランについて、私はこう考えている

年号が平成から令和にかわり、野球の作戦がこれまでと変わってきた部分がある。その一つが、「ヒットエンドランについての考え方である。

ヒットエンドランに適したカウントというのは、1ボール0ストライク、2ボール0ストライク、2ボール1ストライク、3ボール1ストライクといわれていた。なぜなら「次は高い確率でストライクが来る」と予測可能なため、打者も思い切りスイングすることができたからだ。

問題は球種である。昔ならば、「ストレートのストライク」を投げさせてということもあるにはあった。だが、今の時代は、捕手は安易に「ストレートのストライク」を投げさせるような配球はしない。見え見えの配球ではそれこそピンチを広げてしまって大量失点につながるような事態を招きかねないと危惧しているからだ。

それゆえに捕手はストレートではなく、その投手が最も得意としている変化球を投げさせることを第一に考え、ストライクを取りにいく。この場合、当然ながら投手によって得意としているボールは違う。スライダー系、カットボール系、シュート系、落ちるボール

など、さまざまなタイプの者がいるわけだ。

「この球種を投げさせるのが正解」ではなく、「その投手の持ち球のなかで、もっとも得意とする球種が正解」となるのだ。どんな投手でも、「球種の優先順位」が必ずある。あらかじめ捕手はそれを把握し、優先順位の高い球種を選んでいく傾向がある。

反対に打者の立場からいえば、「ストレート以外の球種のボールをいかに仕留めることができるのか」が、ヒットエンドランを決めるカギとなる。たとえば相手投手がスライダーを得意としている投手であれば、「アウトコースのスライダーがくる」と狙いを定め、1スイングで確実に仕留められれば、打者の勝ちとなる。そうでなければ、相手バッテリー有利のままであると考えられる。

このようにヒットエンドランを一つ決めるにしても、高度な技術に加えて「高い読み」も要求されるわけだ。

さらにバッテリーの考えとしてもう一つ挙げられるのが、「ヒットエンドランをされやすいカウントにしない」ということも挙げられる。そのために必要なのは、「早めに2ストライクに追い込んでしまうこと」である。そうなると、安易にストライクを投げてくるとは考えづらくなるので、打者よりも相手バッテリー有利の状況が作り出されてしまうことになる。こうしたこともあり得ることを、攻撃側のベンチにいる首脳陣と選手たちは念頭に置きつつ、ヒットエンドランを仕掛けていける場面かどうかを見極めていく必要がある。

これは余談だが、勝負どころで確実にストライクのとれる変化球が1球種あれば、先発として5勝が可能となり、2球種以上になれば2ケタは勝てると言われている。つまり、ストライクを取れる球種が多い投手ほど、攻略するのが難しくなってくる、という見方ができるということも、参考までにお伝えしておこう。

プロでもスクイズのサインを出すときはあるのか

作戦バリエーションの一つに「スクイズ」があるのだが、「打者を送るためのバント」と違って、「得点を狙うためのバント」であるため、打席に入っている打者もそうだが、サインを出す監督も緊張する場面でもある。

「ピッチドアウトされたらどうしよう」

「相手捕手も意図しないような、とんでもないボール球を投げてきたらどうしよう」

などと考えてしまったら、スクイズのサインはまず出せない。

考えてみてほしい。走者が三塁にいたら、ノーアウトでも1アウトでも得点する確率は高くなる。仮にきれいなヒットでなくても、ボテボテの内野ゴロでも本塁に生還できるし、外野に高々とフライを放てば犠牲フライで一点奪うことだって可能となるわけだ。にもかかわらず、あえてスクイズのサインを出した場合、失敗時には三塁走者はいなくなり、2アウト走者なしという状況となる。サインを出す側が、それなりに高いリスクを背負うことを想定しなければならないのだ。

かくいう私も新潟で一度だけ、スクイズのサインを出したことがある。延長戦でタイブレークになり、2点を奪ってなお1アウト三塁。私は打席の選手に対して、初球スクイズのサインを出した。

結果は、空振りで三塁走者がアウトになってしまった。2アウト走者なしで打者はアウトとなり、追加得点は奪えなかった。けれども私はスクイズのサインを出したことを後悔しなかった。「失敗したら何を言われるのかわからない」という批判も承知の上だったので、「仕方ない。次」と、思いのほか早く切り替えることができたのだ。

奇襲をかけやすいのは、「相手投手が自分たちよりレベルが上」のとき

相手投手の力量が自分たちより明らかに上のときこそ、ヒットエンドランにしろ、スクイズにしろ、サインを出しやすいと考えている。なぜなら、「捕手の構えたところにボールを投げてくれる」からだ。

逆に言えば、いわゆるコントロールが荒れている投手相手のほうが、こうしたサインを出すと、失敗するリスクが高くなるのだ。

たとえば1アウト三塁という場面。カウント2ボール1ストライクでスクイズのサインを出したとする。相手バッテリーが警戒していなければ、ストライクゾーンの範囲に投げ込んでくれるので、バットにしっかり当てて転がせばスクイズ成功となるわけだ。

「強行したほうが得点するチャンスが高いのではないか」という意見もあるかもしれないが、われわれの想像をはるか上を行くようなキレやコントロールを持つ球は、そうやすやすと打てるものではない。

そうなると打席に立つ打者が、「自分たちで何とかするしかない」と考え、冷静さを失ってしまった結果、三振や内野フライなどで凡退する確率が高くなる。

だからこそ考えるべきなのは、もし自軍の選手らが、「相手の投手のほうが、自分たちよりも明らかにレベルが上」と自覚しているのであれば、ベンチから何らかの作戦を指示したほうが、選手も思い切ったプレーができるようになる——ということもあり得るわけだ。

ところが、相手投手の力量が下だとそうはいかない。仮にスクイズのサインを出したとしても、相手投手が意図的に外したのではなく、「勝手に暴投を投げてしまった」ことで、結果的に外されたと同じ意味合いでアウトになってしまう。作戦を出すベンチ側としても、「あんなにコントロールが乱れる投手相手だったら、別の作戦を指示すればよかった」と後悔してしまうのだ。

相手投手の力量が、「自分たちよりも上か下か」を判断することによって、得点圏での作戦は大きく変わってくると言っても過言ではない。とくに独立リーグの投手というのは、同一チームであっても明らかに力量の高い投手とそうでない投手との差が激しい場合もある。自分たちより上の投手ならば奇襲をかけ、そうでなければじっくり待っていくという選択をしていくわけだ。

選手の意識改革を行うタイミングとポイント

一生懸命練習に取り組んでいるものの、思うように技術が上がっていかない。こんな選手は多い。

たとえばアマチュア時代はうまくいっていたのに、プロの世界に入った途端、壁にぶち当たる選手は珍しくない。これをアマチュアとプロのレベルの差と言ってしまえばそれまでではある。むしろ、技術的な悩みを抱える選手に対して、どのタイミングで、どんな言葉をかけてあげるかが、指導者にとって腕の見せどころである。

名前は伏せるが、こんな選手が実際にいた。彼自身はアベレージヒッターを目指しているというのだが、私はもとより誰がどう見ても、一発長打が魅力のホームランバッターだった。この時点で考え方が大きく乖離しているのだが、当の本人はまるで気づいていない。けれども私は、しばらくの間は「見て見ぬふりをしよう」と決め、彼を遠くから見守ることにしていた。私から動いてあれこれ指摘しても、何が問題なのかをつかんでいない彼にしてみれば、聞く耳を持たないのではないかと考えていたからだ。

そうして1カ月、2カ月と過ぎたあるとき、思うように成績が上がらない彼のほうから、

「ちょっと見ていただきたいのですが」

と打撃に関して相談を受けた。「よし、このタイミングだ」と思った私は、彼の打撃練習を見てから、考えていたことを率直に述べた。まだアベレージヒッターにこだわっていたようだったが、

「考え方を変えないと、いつまで経っても今のままだぞ。それでもいいのか？」

そう話すと、彼はスイングそのものを大きく変えることに着手したのだ。

そしてもう一つだけ、彼にアドバイスをした。

「トップの形を作ったほうがいい」

長打を打つ打者は、得てしてトップの形ができている。またこの部分が欠けてしまうと、ホームラン性の当たりを打つのが難しくなってしまう。彼なりに試行錯誤して、打撃を大きく変えていくことに挑戦していったのだ。

ただし、技術的な指導はこれだけで、細かな指導はしなかった。打者の感覚というのは、十人十色。Ａという打者に当てはまった理論が、Ｂという選手にも同じように当てはまるとは限らない。

かつて野村さんと話をしていたときに、「オレは選手に打撃指導はしない」と言ってい

たのだが、その理由としてこんなことを挙げていた。

「もし指導して、もともと持っていた良さを失ってしまったら、責任が取れるのか。オレのひと言で野球人生を奪ってしまうんじゃないかと考えたら、打撃指導はできない」

野村さんと同様の意見を持っているのが、落合博満さんだ。

「打者の微妙な感覚は口では教えらえない。だから細かな打撃指導は行わないんだよ」

細かな感覚というのは、日々の練習を通じて自分でモノにしなければならない。それを「コツをつかむ」というのだが、繰り返しスイングしていくなかで、自分に合ったものを取り入れていく以外に方法はないのだ。

このように選手の意識改革を行うには、アドバイスするのに的確なタイミングが必ずある。これを指導者は見逃してはならないし、そのためにも日々、選手が練習に取り組む姿勢を見続けていなくてはならない。ピンポイントでアドバイスをすることができれば、選手自身の「これまで見てくれていたんだな」という安心感にもつながる。そうして指導者と選手との間に信頼関係が生まれてくるのだ。

レフトとライトはどちらが難しいのか

野球というのは、走者が時計と反対周りに動いて進塁するスポーツだ。ルールを知っている人ならば当然のことだと思うはずだが、これによって、外野手の求められる能力が大きく変わってくる。

外野のポジションにはレフト、センター、ライトがあるが、「レフトとライトの難しさは同じくらいじゃないのか？」と思う人もいるかもしれない。だが、私は「ライトのほうが難しい」と考えている。なぜなら「求められることがレフト以上に多くある」からだ。

たとえば1アウト一塁という場面で、打者がレフト前にヒットを打ったとする。このときレフトは二塁、もしくは三塁に返球すればよいし、走者も果敢に三塁を狙おうとは考えない。レフトから三塁ベースまでは距離がそれほど離れていない分、二塁に到達した走者はそれ以上危険な賭けを冒してまで三塁を陥れようなどとは思いもしないからだ。

一方で、これがライト前ヒットだったらどうなるか。ライトから三塁まではレフト以上に距離があるため、一塁走者は打球の勢いや落ちた位置、さらにはライトの打球に対するチャージの仕方次第によっては、果敢に三塁を狙うことも可能となる。

それだけに、ライトには「肩の強さ」に加えて「二塁に投げるのか、三塁に投げるのか」を一瞬で見極める「状況判断力」、さらには高いチャージ力が求められる。その結果、走者を二塁にとどまらせることができるのか、あるいは三塁へ進塁させてしまうのかで、その後の試合の局面が大きく変わってくることも考えられる。

１９８０年代くらいまでなら、外野でもっとも高い能力が求められたのはセンターだといわれていた。足が速くて強肩で、どんな打球でも捕球してしまう。それこそがセンターを守る選手に必要な要素だった。

けれども90年代以降は、センターよりもライトに足が速くて強肩の選手を置くようになる。これは、三塁と本塁までへの「長い距離を正確に送球すること」に加えて、走者を刺す能力が、センター以上に求められるようになったからだ。それだけに、令和の今の時代における高い能力を持っている外野手のポジションをあえて挙げるならば、「ライト」のほうが高いウエイトを占めているというのが、私の実感しているところである。

DH以上に大事な、野球における「ある数値」とは

攻撃側において、DH制（指名打者）があるかないかで野球は大きく変わってくる。これは間違いない。なぜなら「一番攻撃能力のない選手（この場合は投手）」に代わって、「一番攻撃能力の高い選手」が打順に加わるのだから、得点力は上がるのは当然だ。

また、攻撃のバリエーションも増えてくる。一番攻撃能力の高い人であるからこそ、クリーンナップに置くのも良いだろう。あるいは大谷翔平（ロサンゼルス・ドジャース）が2番を打っているように、上位に置いても良い。走者を返すこともあれば、ときにはチャンスメイクをすることもある6番でも悪くない。

ただし、得点できる確率が高まることはたしかだが、絶対とまでは言い切れない。前述したように、相手投手のレベルが高ければ、やすやすと得点を奪うことはできないし、場合によっては1点も奪えずに完封負けを食らう試合だってある。

もし「得点できるチャンスを広げるならば、どういった打順がいいのか」と聞かれたら、私は「1番から9番までOPSの高い順に並べること」だと答える。OPSとは、「On-base Plus Slugging」の略で、打者を評価する指標である。具体的には、「出塁率」と「長

打率」を足し合わせた数値で、これが高いほど、チームの得点に貢献していることを表している。

たとえばA選手とB選手の2人がいたとする。彼らの打率、出塁率、長打率は次のとおりである。

A選手↓打率・300　出塁率・450　長打率・600
B選手↓打率・350　出塁率・400　長打率・550

打率だけを見れば、B選手のほうが優秀そうな印象がある。けれどもここでOPSを比較してみると、次のような結果となる。

A選手↓出塁率・450＋長打率・600＝OPS・1050
B選手↓出塁率・400＋長打率・550＝OPS・950

打率はB選手のほうが高いが、OPSはA選手のほうが高い。つまり、A選手のほうが得点への貢献度が高いというわけだ。

　ここで出塁率と長打率についてお話ししておきたい。

出塁率とは、打数、四死球、犠飛の合計数のうち、四死球、安打で出塁した割合を表す（計算式は、安打数＋四死球数÷打数＋四死球＋犠飛）。つまり、出塁率はどのくらいの頻度で塁に出たかわかるものであり、たとえば10打数2安打の場合、四死球数が0ならば出塁率も・200のまま。対して四死球数が4あれば、「14打席2安打4四死球」となり、出塁率は・429となり、チームへの貢献度はこちらのほうが高くなる。

　また、長打率とは、「塁打数÷打数」で表され、たとえば10打数2安打という結果であっても、
①2安打がいずれもシングル安打
②2安打がいずれも本塁打
　この場合では、①の長打率は・200のままであるのに対し、②は・800となり、チームの貢献度は②のほうが高いと評価される。

　このように見ていくと、単純に打率の高い順番に並べるのではなく、OPSの高い順に組んだほうが、得点する確率が高まるということがおわかりになるだろう。

23年の阪神優勝の裏で注目した「四球の多さ」

ＯＰＳの延長の話になるが、「四球をもぎとること」はすなわち、「出塁率を高くする」要素の一つとなるとお話ししたが、これを実践したのが、２０２３年シーズンの阪神だった。他のチームを寄せ付けない強さを発揮し、18年ぶり6度目、38年ぶり2度目の日本一に輝いたなか、私が注目していたのは、チームを指揮する岡田彰布監督の采配だった。

チーム防御率が、セ・リーグで唯一２点台であったように、もともと投手陣は優秀だった。一方で攻撃陣は、規定打席に到達した打者で打率が3割を超えた選手は一人もおらず、チーム本塁打もリーグ5位となる84本しか打っていない。

それでもチームの総得点数は、リーグトップとなる「５５５得点」と生み出した。その背景にあるのが「四球の多さ」である。

岡田監督はシーズン開幕前、阪神のフロントに対して、

「四球の査定ポイントを上げてくれ」

と伝えたのは、よく知られた話だ。実際に四球の査定ポイントが、１・０から１・２に上がったそうだ。そして、２０２２年の四球数が「３５８」だったのに対して、23年は

「494」と大幅に増えたことで、選手のモチベーションにも大きく反映されたと言われている。

だが、私が見逃さなかったのは、他の点にもある。それは、「見逃し三振を容認したのではないか」ということだ。

阪神の見逃し三振の数は、２０２２年は「２３２」だったのに対し、23年は「３２５」と四球と同じく増加した。ということで、岡田監督は私と同じく「地蔵作戦」を用いたのではないかと考えている。

岡田さんはオリックスの監督を退任した２０１３年以降、野球評論家としてセ・パを問わず、両方の野球を見続けていた。そこで、セ・リーグのバッテリーは、「追い込んだらストライクからボールになる変化球で勝負する」ということに気がついたのだろう。

各打者の四球数につい目が行きがちだが、見逃し三振の数の多さを見るに、岡田さんから「追い込まれたら低めのストライクゾーンに見えるボールは振るな」という指示が徹底されていたように思えてならない。

阪神は今年もセ・リーグの優勝候補の筆頭に挙げられているが、昨年に引き続き四球の数だけでなく、見逃し三振の数も増えているのか注目したい。さらに阪神の各打者は、追い込まれたらどんな反応を見せるのか。それによって、「岡田監督の意図する野球」というのが明確になってくるはずだ。

アマチュアの指導者からプロが教わるもの

最近私が考えさせられるのは、プロの目線から見てアマチュアの指導者が劣っているのは、あり得ないということ。むしろ、アマチュアの指導者から学ぶことが多々あるということだ。

私が所属する新潟に、今年から横田謙人さんという野手コーチが加わった。彼はプロ野球選手としての経験がないが、山形県にある羽黒高校の監督として2005年の春のセンバツでベスト4に進出している。その後東北公益文化大学の監督として、南東北リーグで2度の優勝を成し遂げた人物だ。

そうしたキャリアを経て、縁あって新潟にきていただいたわけだが、彼と選手とのやりとりを見ていると、「コミュニケーションの取り方がうまいな」と常々感じさせてくれる。

とくに最近成績の上がらない選手や、試合でポカをしてしまった選手に対しても、気さくに話しかけてはリラックスした雰囲気を作り、モチベーションを保って試合に入り込めるように尽力してくれている。その姿を見るにつけ、私自身も学んでみようと注視するようになった。

プロの指導者は、どちらかといえば選手と距離を置きたがるタイプが多い。最近は、外部から講師を招いてコミュニケーションの取り方をレクチャーしているチームもあるのだが、「選手との距離感」について悩んでいるコーチもいると聞く。

一方で、作戦面についても同様に横田コーチから学ぶことがあった。たとえば試合中にサインを出すケース。基本的には、三塁コーチャーズボックスに入った私が選手にサインを送るのだが、横田コーチからサインを出してもらう場合もある。そのときに、

「このタイミングでヒットエンドランのサインを出すのか」

「ここで盗塁のサインを出すのか」

といい意味で考えさせられたことがあった。

そのイニングが終わったときに、「どうしてこのタイミングで盗塁のサインを出したんだ？」と聞くと、彼なりの根拠を説明してくれて、感心させられたものだった。

私は極力プロアマの垣根をなくして、公平な目でコーチたちと接している。一般の人か

らすると「プロのほうがアマチュアより指導力は上」と思われるかもしれないが、決してそんなことはない。たしかに技術だけを教えるのであれば、プロ経験者のほうがうまいかもしれないが、コミュニケーションの取り方や作戦面などについては、プロよりアマチュア出身の指導者のほうが上、なんていうことだってあり得る。

本気で指導者としてのスキルを上げたいのであれば、プロもアマチュアも関係ない。それぞれのいいところを取り入れて、自分のスキルに変えていくことができる指導者こそが、これからの時代を生き残っていけるのではないかと、私は考えている。

「4番打者最強説」を私はこう考える

昔から「4番こそがチームの最強打者」という印象が強いが、私はそんなことはないと思っている。また、メジャーで2番の大谷がガンガン本塁打をかっ飛ばす姿を見て、「2番打者最強説」を唱える人も出てきたが、「それも違うんじゃないか」と思っている。あくまでも2番打者は「2番目に打つ打者」、4番打者は「4番目に打つ打者」に過ぎないというのが私の結論だ。

そう言い切ってしまう理由は、実にシンプルである。「1回以降は、必ずしも打順通りの順番ではないから」である。試合が進んで行くにつれて、4番打者がイニングの先頭を打つことだってあるわけだし、8番打者が1アウト満塁の絶好のチャンスの場面で回ってくることだってある。そのとき、いかに得点に結びつく打撃ができるのかが問われてくるわけだから、私は「誰をどういった並びにするのか」のほうが重要だと考えている。

たとえば「相手投手と相性のいい打者」が4人いたとする。この場合、4人の打順をくっつけてしまうのか、それとも「相性の悪い打者」を間に挟むかは、監督の考え一つで分かれる。

私は後者側かもしれない。相性のいい打者の間に、あえて相性の悪い打者を挟むこともアリなんじゃないかと考えているほうだ。なぜなら相性のいい打者が毎回出塁するわけではないのだし、場合によっては相性のいい打者がチャンスメイクした後に、相性の悪い打者が連なる打順が回ってきてしまうことも十分考えられる。普通に打たせても、ダブルプレーで一瞬にしてチャンスが潰えてしまうこともある。

それならば相性の悪い打者を間に挟んで、塁上に走者がいれば送りバントをさせたり、ヒットエンドランをさせたりと、「つなぎの打撃」を有効的に使うことで攻撃パターンが広がるのではないかと思うのだ。

相性の悪い打者からとしても、「自分はつなぎの役目を果たせばいい」と理解していれば、サインを出す側、出される側ともにためらうことなく作戦を実行することができる。両者ともこの点が実に大きい。

ほかにも「足の速い打者」のあとに、「ストレート系の速いボールへの対応能力が高い打者」を置いてみるという手段もある。足の速い打者が出塁すれば、相手チームは盗塁を警戒しだす。このときの対処法として、「盗塁を刺せるように、ストレート系の速いボールで次の打者と勝負する」ことが高い確率で考えられるから、そのような打者を配置すれば、つないでチャンスが拡大する、というのも十分あり得る話だ。

野球は点を取り合い、相手チームより1点でも上回っていれば勝利するスポーツである。そのためには、高い投手力で相手打線を抑えることも大切だが、同時に「得点能力を高めるために、どんな打者を配置するのか」も同じくらい重要なのだ。

そのとき、特定の打順を最強に仕立て上げるのではなく、相手投手の力量と味方打線の相性、もっと細かく言えば相性のいい打者と悪い打者をどう使い分け、配置していくのかにも目を向けていけば、得点能力が上がるのではないか。

シフトを敷く打者とその必要はない打者との分岐点

打撃のいい打者を迎えたとき、相手チームが極端な守備位置、すなわちシフトを敷くことがある。今でいえば大谷もそうだし、かつてヤンキースで４番を打っていた松井秀喜に対しても、三遊間をがら空きにし、野手が極端に右寄りに置かれた光景を見たことのある人はいるだろう。

さて、私が考える「シフトが有効な相手」というのは、打率で言えば３割５分を超えた打者と考えるのがいいと思っている。

これだけ打てているのであれば、打球の飛んでいる傾向がはっきりわかるだろう。加えて左右どちらの投手を得意としているのか、ストレートと変化球でどんな傾向が出ているのかなど、事細かに分析できるだけの数字が残っている。だからこそシフトを敷く意味があるというわけだ。

野球は失敗のスポーツである。３割打者が優秀と言われているということは、裏を返せば「７割は失敗している」のである。確率的にそれぞれ守っているポジションに打球が飛んでくることが考えられるから、バッテリーを除くファーストからライトまでの位置が決まっているわけだ。

それに相手投手のレベルが上がれば、そう簡単に打てるものではない。広角に打てていたとしても、「相手投手のレベルが低かった」からということだってあり得るし、そもそも好投手と呼ばれるレベルが相手だと、ドン詰まりのフライや平凡なゴロが多くなってくる。そうしたときには、特定のシフトを敷くよりも前進守備のほうが効果的だともいえる。

今はプロ野球の世界においても、投手のレベルが上がり、3割を打てる打者が10年前と比べて格段に少なくなってきた。それゆえに、シフトを敷いてまで守る意味があるのだろうか、という疑問がわいてしまう。

チームに複数の捕手を敷く意味

今から10年前のプロ野球は、「1チーム1捕手」で戦うチームが多かった。しかし、令和の野球は、1チーム2人以上の捕手を起用することが当たり前となってきた。これには大きく分けて2つの理由がある。

一つは「疲労を考慮してのこと」が挙げられる。公式戦の143試合に加えて、日本シリーズまで勝つ抜くためにはそこから最大16試合（クライマックスシリーズのファーストステージの３試合、ファイナルステージの６試合、日本シリーズの7試合）を戦わなければならない。つまり、シーズンの開幕から１５９試合を戦うとなると、相当の疲労が蓄積されると予想できる。たとえ1年間一人の捕手で戦い抜けたとしても、翌年、さらに次の年と進んで行けば、一人の捕手が守り続けられるとは限らない。

ジトジトした梅雨やうだるような夏の暑さとも戦わなくてはならない。そうなると捕手として大事な思考能力が下がり、バットを振る力だって落ちてしまうだろう。そんな状況を避けるためにも、最大限のパフォーマンスを出してもらえるように、配慮したうえで起用していくのは、なにもおかしな話ではない。

もう一つは、バッテリーを組む投手との関係性である。一人の捕手に任せっきりでは、相性の良し悪しというのが出てきてしまう。相性の悪い投手をリードする際、深いところでお互いの意思を共有できるところまでは行きつかないはずだ。

であれば、相性の良い投手と捕手で組ませたほうが、チームとしてもプラスになることが多い。そのためにも捕手の力量はどちらかが劣っていてはいけないし、２人が高いレベルで競い合っていないとならない。

かつて野村さんが言っていた「優勝チームに名捕手あり」という主張は、今の時代ベターではない。むしろ「優勝チームに複数の好捕手あり」という方向に流れていくのではないだろうかというのが、私の見立てである。

かつての同僚である古田敦也が捕手として優れていた点とは

私が現役のころに、一時代を築いたのが古田敦也だ。彼が優れていた点はいくつもある。もちろんインサイドワークは上手かったし、強肩で打撃もクリーンナップを打つほど高いレベルにあった。無論、大きな負傷や病気をすることもない「丈夫な体」を持っていたことも一因として挙げられるだろう。

それ以上によかったのは、「万が一、相手チームに死球を当てても報復を恐れない」という点、これに尽きる。

たとえば相手チームの主軸に対して内角攻めを敢行したとする。このとき投手によっては、相手の主軸打者の懐や腕などに死球を当ててしまうことも考えられる。こんなケースにおいて、

「相手ベンチから故意に当てたと思われて、自分が報復されたらどうしよう」

と心配してしまう捕手もいる。このような思考だと、「内角は避けよう」という考えに陥り、外角中心の無難な配球になりがちになってしまう。結果、リードが単調になってしまい、肝心な場面で相手打線から狙い撃ちされ、痛打を食らってしまうことだって十分にあり得る。

けれども古田は違った。いかなる場面であろうと、味方の投手に対して内角へ投げることを怖がらなかった。万が一、相手チームの主軸に当ててしまっても、「しゃーない」と思っていたし、古田本人に「報復されるとか考えないのか？」と聞いたときには、

「当てられる覚悟を承知の上で内角勝負しているんだ。内角を突かないと、相手打者に踏み込まれて打たれてしまうんだから、これは仕方のないことなんだ。万が一、ウチの投手が当てちゃったら、そのときは『すみません』って謝ればいいんだし、その後オレが打席に立って内角を攻められて当てられたとしても、それでもオレはウチの投手たちには内角を要求し続けるよ」

と、平然と言っていたものだ。

古田の全盛期だった90年代と言えば、ナゴヤ球場や広島市民球場と、今のバンテリンド

ームやマツダスタジアムと比較しても狭い球場で試合をしていたこともあって、相手打者の内角攻めは必要不可欠だった。また、当時は星野仙一さんが中日の監督を長く務めていたのだが、当時4番を打っていた落合博満さんの内角を突こうものなら、

「おい！　当てたらどうなるかわかっているんだろうな！」

「内角ばかり攻めてんじゃないぞ、コラッ！」

などと、中日ベンチから星野さんの怒声が聞こえてきたものだ。それでも古田はどこ吹く風とばかりに、落合さんに対しても平気で内角にボールを要求していた。それで乱闘に発展することもあったが、そんなことが一度や二度あっても、「内角を投げさせることの重要性」を古田は大事にし続けていた。

90年代のヤクルトは、4度のリーグ優勝と3度の日本一に輝く黄金時代を築いたが、その背景には、古田の「報復を恐れないリード」があることも見逃せないと私は見ている。

第4章　選手のやる気を引き出すアドバイス

悩みを持っている選手に対する声かけのタイミング

どんな選手であっても、成長していくために、いくつものプロセスを乗り越えていなければならない。このとき順調に伸びていく選手もいれば、壁にぶつかって現状に踏みとどまったままの選手もいる。

後者の場合、何か悩みを抱えながら練習をしていることもある。指導者の立場としては、すぐにでもアドバイスをしたいところではある。しかし、グッとこらえて「いったい何に対して悩んでいるのか」を私なりに答えを見つけてから声をかけるようにしている。

考えてみてほしい。野球に限ったことでなくても、若い部下が仕事のことで悩みを抱えているなんてことは、往々にしてあるはずだ。

「きっとこういうことで悩んでいるのに違いない」と上司が高をくくってアドバイスしたとして、部下から「そんなことで悩んでいるわけではありません」と返されてしまったら、元も子もない。同じようなことを私が選手にしてしまったら、「監督はいったい何を言っているんだろう?」と不信感を持たれ、信用されなくなってしまうのがオチだ。

だからこそ私は、悩む選手の指導コーチや仲のいい選手に話を聞いたり、本人の行動を観察したりする。そして、「これだ！」という確証を得てから本人と話すことを心掛けている。こうしたコミュニケーションのなかにヒントとなる言葉が転がっているものだ。

このとき核心を突いた答えを導き出せるようになれば、「監督の言っていることは一理ある」と納得してもらえるし、違う悩みが出てきたときに、「監督に相談してみよう」と自ら襟を開いて話をしてくれたりもする。

私たちの世代の人間からすると、若い世代は「何考えているのかわからない」とされがちだが、「親世代、もしくはそれより上の世代の大人は何を考えているのかわからない」と若い世代の人たちも同様の感想を抱いている。

コミュニケーション一つとっても、徐々に距離を縮めていって、最後にピンポイントで的確なアドバイスを送れるようになれれば、彼らからの信頼を勝ち取ることができるのではないか――ここ最近はとくに強く感じるのである。

ハングリー精神は育てられるのか

プロ野球選手のなかには、「母子家庭で育ったので、恩返しがしたい」というモチベーションで野球を続けてプロになった人もいる。これは置かれた環境に起因して、自然とハングリー精神が養われた一例といえる。

戦後すぐの時代はさらに明快だった。「貧しい暮らしから脱却したい」「豪邸に住みたい」「いい車に乗りたい」――。どんな理由でも、プロ野球の世界を目指すためのモチベーションになったのだ。

この点は今も変わらない部分ではある。今の時代は、野球をやっている選手の多くは、中流の家庭で育ってきたともいわれているが、母子家庭であまり裕福でないなか、学生時代、さらには社会人と野球を続けてプロ野球選手になったという者もまだまだ存在する。

野球はお金のかかるスポーツなので、「育ててくれた親に何らかの形で恩返ししたい」と考える選手も実際にいる。離婚の件数自体、昔に比べて大幅に増えており、どうにか野球を続けてこられた選手もいるのが実情だ。

一方ですべての選手がそうした理由で野球を続けてきたわけではない。プロ野球選手として大成するために必要なハングリー精神というものを、どういった形で養わせていくべきか――。指導者にとって悩みの種であることは間違いない。

私自身も、今なお日頃から考えている。たしかに独立リーグにいれば、「ＮＰＢの球団からドラフト指名を受けるぞ」という気持ちを持って頑張っている選手もいるが、全員が同じとは限らない。「今のままでもいいや」と考えている選手も実際にいる。それだけに、答えのない答えを探し求めているようにも感じている。

そうしたなか、「これは！」という目標を見つけた。それは、「素晴らしいグラウンドでプレーしたいからプロ野球選手になる」というものだ。

具体的には、２０２３年シーズンから日本ハムが本拠地を移した、北海道北広島市にあるエスコンフィールドＨＯＫＫＡＩＤＯである。グラウンドやブルペン、ベンチ内はもちろんのこと、選手が使用するロッカールームやラウンジ、ウエイトルームなどは、日本の球場という枠を超えて、もはや高級ホテルと同じ雰囲気が漂っている。

ここに一度でも足を踏み入れた選手が、「エスコンフィールドで試合に出場するために頑張る」という考えを持ってもおかしな話ではない。むしろ、徐々に浸透していくのではないかと思う。

どんな選手がプロの世界で生き残れるのか

長くプロ野球の世界で現役であり続けられる人に共通していること、それは「向上心を持ち続けられる」ことだ。

どんなに実績を残していても、30代半ばから後半ともなれば、年齢からくる衰えとの戦いになる。それまで苦も無く打てていたコースが凡打になったり、視力の衰えでボールが見にくくなったり、足腰の衰えから守備範囲が狭くなったりと、理由はさまざまだ。こうした衰えは誰にでもやってくるものだから、ある意味仕方のない部分でもある。

とはいえ、衰えを理解したうえで、「どう乗り越えていくか」を必死になって考える選手も存在する。ベテランの領域に入った選手が、バットの重さや長さを変えてみたり、飛んでくる打球方向を頭に叩き込んだうえで、守備位置を若干変えてみたりと、工夫をこらす姿を、指導者の立場となってからよく目にしていた。彼らは、「やり方を見直せばまだまだできる」と本気で思っている。うまくいった場合、肉体的な衰えに打ち勝ち、40代でも活躍できる選手となっていくわけだ。

さらに言えば、ベテラン選手が創意工夫を重ねる姿を、チーム内の30歳前後の選手が見

聞きして、

「あと数年したら、自分もああいう練習を取り入れてみよう」

と参考にしようとすることも実際にあるケースだ。そうして、現役を長く続けるための秘訣のようなノウハウが、脈々とチーム内に受け継がれていく。これは、チームにとってはよい伝統であり、財産ともいえるだろう。

幸いにも昔に比べて、トレーニングの知識や野球におけるデータ量が膨大に存在する時代である。そうしたなかから、必要な情報だけ取捨選択して、自分のスキルへと変えていける。努力の方向性を間違わずに向上心を持ち続けていれば、現役を長く続けることが可能であることは間違いない。

達成感や満足感が出てきたら現役は終わり

反対に、一度でも「もういいや」という感情を抱いてしまったら、そこからの成長は見込めず、現役生活は終わりに近いのかもしれない。かくいう私自身もそうだった。

1983年ドラフト3巡目でヤクルトから指名され、その後97年に日本ハムにトレードで移籍したときには、初めて経験するパ・リーグの野球を学びつつも、「どうにかしてチームに貢献したい」という気持ちが強かった。

その2年後の1999年に日本ハムから自由契約を言い渡されるも、次の所属球団が見つからなかった。「もう少しだけ現役生活を送りたい」と考えていると、当時の野村克也監督のもとでヘッドコーチを務めていた松井優典さんのはからいで、阪神の入団テストを受け、合格。3球団目のユニフォームを着る機会に恵まれた。

だが、そこまでだった。シーズンが始まってしばらくしてから、「現役はもういいや」という気持ちが芽生えてしまった。そうなると向上心はおろか、「現状をどうにかして乗り越えてみよう」という気さえ起こらない。プロの世界に入って現役生活を17年間送れたことによる満足感や達成感が出てきてしまっては、もはやどうすることもできなかった。

結局、阪神にはわずか1年いただけで、この年限りで現役を引退。寂しさもあったが、それ以上に「やり切った」感覚のほうが強かったことは、今でもよく覚えている。

ただし、誤解してほしくないのは、この満足感や達成感によって、現役生活を終えることとは、決してネガティブではない、ということだ。

「プロ野球での現役生活にはいったん区切りをつけて、次のステージ（第二の人生）へ羽ばたこう」

といった考え方は、むしろポジティブなことであるとさえ考えている。年齢を重ねていけば、若手選手にレギュラーポジションを奪われる可能性が高くなるのは、自然の摂理として致し方がない。

引退後、指導者として野球界に残る者もいれば、野球とはまったく違う業界に身を置いてお金を稼ぐ者もいる。前者のほうが幸せで、後者であればそうではない、という考えは私にはまったくない。どんな世界で働くのであれ、「これまで野球で努力し続けきたことを生かして、一社会人として働いていこう」という姿勢は素晴らしいことだし、ビジネスマンとして会社に貢献していこうとする考えは、絶対に持ち続けてほしい。

こうした考え方は、この先も絶対に変わるものではないと断言できる。

一方で私自身に目を向けると、現役生活を限界までやり切ったことは、野球選手冥利に尽きる。同時に現役生活を送るうえで必要な向上心がゼロになってしまったことを考えると、

「プロの世界で生き残るためには、『まだまだできる』の気持ちが必要なんだな」

ということを勉強させられた。それだけに、今の若い選手たちが1年でも長く現役生活

を送りたいと考えているならば、創意工夫をして、高いレベルでの向上心を持ち続けることが重要だと知っておいてほしいのである。

プロの世界に入ったからこそ、厳しく鍛えるべき

私にも経験があることなのだが、指導者になりたての頃というのは、どうしても自分のカラーというものを出したがる傾向が強い。「あの指導者はこんなことを言っていたが、自分はこうやっていこう」と思いたくなるものだし、何より指導者としてのイロハが確立されていないため、試行錯誤を繰り返してしまう。

とくに令和の今の時代は、若い人に対して少しでも強い口調で注意しようものなら、「パワハラ認定」されてしまう。ただ、私の本音を言わせてもらえば、「練習に対して厳しい部分を出していかなければ、選手のためにならない」と思うのだ。

考えてもみてほしい。選手を大事に大事に、過保護なほど扱うことは、コーチでなくても誰だってできる。けれども、それで本当に選手が育つのかと言えば、疑問符を抱かざるを得ない。

試合後の練習で内野ノックを行う筆者。

繰り返すが、ここで鍛えれば成長していくという20歳前後の選手と、20代後半から30代半ばの、一軍でバリバリやっている主力クラスの選手とでは同じ鍛え方でいいわけがない。「体力、技術ともに鍛えれば伸びていく若手選手」に対しては、ある程度の厳しさがなければプロの世界では通用しないのではないかと思えてならない。

高校、大学、社会人とアマチュア時代に輝かしい成績を残しても、プロの世界に入ってしまえば、過去の栄光は「たんなる思い出」にすぎなくなってしまう。たとえアマチュア時代にどんなに活躍したとしても、プロで同じように活躍できるとは限らない。

その点を若い選手たちはどう考えているのか。「プロはアマチュアとはまったくレベルの違う世界である」という認識をしたうえで、本気で練習に取り組んでほしいと願うばかりだ。

古田敦也が「打撃のコツ」をつかんだ瞬間

練習をやらせすぎると、「パワハラだ」と世間から非難の対象になることもある。しかし、ある程度きつい練習をこなさなければ、上の段階には到達しない。これもまた事実である。そのプロセスの途中で、「練習をやらせすぎだ」と言ってしまうのは、選手の成長を阻害することにさえなりかねない。

「もうここが限界だ」と思う地点があったとしても、必死になってがむしゃらに突き破っていく。すると、また限界がやってくる。そうしたことを三度、四度、五度と繰り返し突破していくと、気づけば高いレベルに到達しているというわけだ。

野球における技術を磨いていくとき、最初は必ず理論がある。そのことは知らないよりも知っておいたほうが断然にいい。ところが、実際に技術を突き詰めていくと、必ず理論だけでは解決できない問題にぶち当たる。これは当然のことである。頭でわかっているつもりでも、体が頭と同じように理解できるわけではないからだ。

そこで「どうやったら自分の体に技術をしみ込ませることができるか」というレベルに入っていく。ああでもない、こうでもないと試行錯誤を繰り返した末に、体が無意識に理論通りの反応を示すことができたとき、初めて「コツをつかんだ」ということになる。

1990年の秋季キャンプで、ヤクルトの現役選手だった私は古田敦也と隣同士でティー打撃を行っていた。私は黙々とバットを振っていたが、古田は一球一球あれこれ考えながらバットを振っているように見えた。首をかしげるしぐさをしたと思ったら、うんうんとうなずいて納得した表情をすることもあり、私には古田が何かを考えながら練習をしているように見えた。

数日が経ち、夜間練習のエアテントのなかで古田と隣同士でティー打撃を行っていたとき、突然古田が、「あっ、つかんだ！」と大きな声を上げた。私はいったい何をつかんだんだろうと思って古田の顔を見ると、晴れやかな表情をしていた。

「『つかんだ』ってなんのことだ？」、私が古田にそう聞くと、

「バットがスムーズに出てくる感覚をつかむことができたんだ」

そううれしそうに話している。当時の私は「そうだったのか」という程度にしか思えなかったのだが、翌1991年のシーズンに入ると、古田は落合博満さんとシーズン終盤まで首位打者争いを繰り広げ、最後はとうとう古田が打率3割4分で首位打者のタイトルを獲得。捕手としては野村克也さん以来史上2人目、セ・リーグでは史上初という快挙だった。

その後も古田はヤクルトの4番を打つまでに成長し、2005年4月には大学・社会人経由でプロ入りした捕手として史上初めて2000安打を達成するまでの選手となった。

野村さんからけなされても、努力を重ねた古田

古田は川西名峰高校・立命館大学から社会人のトヨタ自動車を経て1989年のドラフト2位でヤクルトに指名されたのだが、入団直後は野村さんから打撃についてけちょんけちょんにけなされていた。

実際、古田の打球は内野手の頭を越すのがやっとだったこともあり、「オレが割り箸を

持って打ったほうが飛ぶ」と言われていたこともあったが、古田本人にしてみれば、「今に見ておれ」という心境だったのだろう。

ただ、「今のままの打撃はプロでは通用しない」と相当な危機感を持っていたのも確かだった。そこで誰かに言われるまでもなく、一心不乱に打撃練習を積み重ねていたわけだ。「つかんだ！」というところに到達するまでに、古田なりに相当の時間と労力を費やしていたことは間違いない。

私自身、プロ野球の世界に入ったときには、「3年から5年は、わき目もふらずに無我夢中で練習しなさい」と言われたものだった。この間に色気づいたり、ラクしたりすることを覚えてしまうと、選手としていちばん伸び盛りの時期を逃してしまい、成長がそこで止まってしまうという意味も含まれていた。

この言葉は真理を突いている。アマチュア時代に輝かしい実績を残して鳴り物入りで入団しても、一番成長しなければならない時期に遊びに走ってしまったり、妥協をよしとする選手になってしまうと、先輩たちに追いつけないどころか、後から入ってくる後輩たちにさえ抜かれてしまう。

そうして「このままじゃまずい」と焦り始めていざ練習を積み重ねても、そこそこのレベルでとどまってしまうか、あるいはまったくモノにならずに静かにユニフォームを脱いでいく選手を、私はこれまで数多く見てきた。

それだけにプロでの実績の乏しい選手たちにどうやって厳しさを自覚させて練習に打ち込ませるのかというのは、多くのチームが抱えている課題であるはずだ。

メディアを通じてコメントするときに心掛けていること

私の現役時代は、試合翌日に監督がどんなコメントを残しているのか、スポーツ紙をめくって情報を得ていたものだ。

今は違う。試合が終わってから、数時間後には監督のコメントがスマートフォンで確認できる。それだけ便利になったわけだが、私自身が選手たちのことをコメントする際、2つのルールを設けている。

一つは、「自分のチームのことだけに言及する」。もう一つは「大事なことは直接本人に言う」ということだ。

いずれも当たり前のように聞こえるかもしれないが、言葉の真意が選手に正確に伝わら

報道陣に対するインタビューでは、試合のポイントを中心に話をするように心掛けている（写真は筆者）。

ないのは避けたい事態だ。「行間を読み取る」ことは、私の時代にはできていたことだったが、それはあくまでも昭和、平成までの話。令和にはフィットしない。

　ゆえに、報道陣から囲まれてインタビューを受けるときには、試合のポイントとなった点は話すものの、選手に対して批判めいた発言をすることは一切しない。何か気になることや、注意すべきポイントがあれば、ベンチ内で行うミーティング、もしくは直接呼んで1対1でじっくり話すようにしている。それによって、言われた選手は私の意図を理解しやすくなるし、直接伝えられたことで、誤解が生じるようなケースも一切なくなる。お互いにとってプラスしかないのだ。

スポーツ紙にはそうしたことは一切話さないわけだから、訝しく見られ、憶測で記事に書かれることもあるかもしれない。

けれども、当事者同士で直接話して意思疎通ができているわけだから、仮にそうした内容の記事が出たとしても、お互い不安に思ったり動じたりすることはない。これも時代に合った選手とのコミュニケーション術の一つといえるのかもしれない。

トップ選手が新潟にやってきたときに大事なこと

今年から新潟はNPBの二軍の試合に参加しており、元NPB出身の選手も増えた。独立リーグでの経験のみで、ドラフト指名を目標にする若い選手にとっては、絶好のお手本となることは間違いない。もちろん、そう言えるだけの実績と経験を積んでいる。

それを踏まえて配慮すべきところは配慮しているが、同時にこんな思いも私は持っている。

「若い選手たちはもちろん、チームの全員が納得するだけの、試合での内容や結果を出してほしい。そして、日頃の練習の取り組み方も『さすがはプロだ』というものを見せてほしい」

　実際、こうした話は、在籍する元NPB出身の選手たち全員を目の前にして話をした。彼らの目標は、「二軍の試合で結果を残して、NPBに戻ること」である。明快な目標があるだけに、彼らを優先して起用しているところも否めない。私が言う彼らに対する配慮とは、こうした点が含まれている。

　一方で、単純に「結果を出す」だけではなく、練習している姿や試合での立ち居振る舞いでも、若い選手たちに対していい意味で刺激を与えて、目標となる存在になってほしいと考えているのだ。

「謙虚になりなさい」という話ではない。「オレは君たちとは違うんだよ」という、いい意味でのプライドを持っていてほしいと思うし、数多いる野球選手のなかで選ばれしエリートである。その結果、ドラフトで指名されて日本における最高峰の野球を経験しているわけだからこそ、そうした気持ちを矜持として持って、経験の浅い、若い選手たちのお手本となってほしいと思うのだ。

「このくらいのことができて当たり前」の意識がなくなり、「失敗したけどいいや」「何をやってもうまくいかないけど、まあいいか」という境地になると、あとは落ちていく一方である。ここでの線引きは難しいかもしれないが、「若い選手たちのお手本となる」という意識、さらには「みんなに見られているから、恥ずかしいことはできない」という「恥の概念」だけは、彼らにもプライドとして持ち続けてもらいたいというのが、監督である私の彼らに対する要望なのである。

自己限定してしまっている選手にはこんな言葉をかける

選手の能力を伸ばしていくなかで、「自己限定してしまっている選手に対する言葉のかけ方」というのも大事だ。これには「選手の意識改革」という意味合いも含まれる。

ホームランバッターになれる器があるはずなのに、アベレージヒッターを目指す。あるいは、150キロを超えるストレートが投げられるにもかかわらず、変化球投手を志す。こういった選手たちには、「自分が持っている武器を伸ばすことを考えたらどうか」とアドバイスするようにしている。遠くに飛ばす、速いボールが投げられるというのは、生まれ持った才能の部分が色濃く、教えてマネできるものではない。

それでも、自分の持つ能力とは、まったく反対方向に向かおうとしている選手に対して、

「ちょっと待て」とストップをかけることも必要になってくる。

このとき、「お前はそうじゃない」と指導者が説明するだけでは、選手の耳には入っていかない。「どうして、その方向を目指しているんだ？」と問いかけることで、その理由を聞きだすのだ。そのうえで、

「考えていることはよくわかった。でもオレは持っている才能を伸ばすためにも、こういう角度からアプローチしたほうがいいと思うよ」

と細かに説明していく。このとき大切なのは、ただ説明して終わりにするのではなく、

「そうすれば結果、こういう選手になっていくと思うよ」

と、選手に「将来の姿」を思い描かせるように話をすることが重要になってくる。「ああしなさい、こうしなさい」と言ったところで、それは片側通行の命令に過ぎず、将来像はまったく浮かんでこないはずだ。

これが昭和、平成初期であれば、指導者が一方的に指摘するだけでもよかったのかもしれない。だが、今は選手自身が納得しなければ、指摘した方向に向かって努力しようとしないものなのだ。

選手自身が間違った方向に努力していたら、いかに正しい方向へ導き、さらに将来の自

分の姿をイメージさせる――。これからの指導者に必要なスキルとなっていくに違いない。

過去の成功体験をどういかすべきか

実績のある選手がうまくいっていない状況に直面した際、「過去の成功体験は忘れなさい」と伝える指導者がいるようだが、私はこれに異を唱える。

現状悩んでいるのが事実であっても、過去の成功体験には明確な理由があるはずだ。それをきちんと分析したうえで、「成功したときのことを、もう一度思い出してみよう」というアドバイスを送ることもある。

このときのポイントは、「過信させないこと」。

自信を取り戻すために成功体験を思い出させるのはいいが、逆に自信過剰になってしまってはまずい。「何が問題なのか」が不明瞭となるだけでなく、根拠のない「大丈夫だ」という気持ちを芽生えさせてしまい、努力が必要な時期にそれを放棄してしまう。これではいつまで経っても成長していかない。

プロ野球の世界というのは、野球エリートとして育ってきた人間たちの集まりである。

「このくらいできて当たり前」が、プロの世界に入った途端に、「できないこともある」に変化し、挙句の果てに「まったくできない」事態に陥る可能性もある。こうなると「こんなはずじゃなかった」と焦りが募り、やがて自信を失ってしまうこともあり得る。

だが、こうした状況は、恥ずかしがることでも何でもない。

「プロの世界に入れば、自分よりも上のレベルの選手がいて当たり前。そうした選手に勝つにはどうすればいいのか」を考え抜けばよい。それだけのことなのだ。

私自身も、こうした経験はある。ヤクルト同期入団のドラフト1位が、東海大学出身の高野光さんだった。私は捕手で入団したこともあり、早い段階で高野さんのボールを受けることになったのだが、それまで見たことがないほどストレートが速く、一球一球必死に捕球するのが精一杯だった。

直後、高野さんが「カーブ（を投げる）」と言ったので、ミットを構えていると、ボールが一瞬消えたように感じた。次の瞬間、後方のネットにボールが転がっていた。

それを見た当時のコーチに、「もういい。橋上代われ」と指示された。この瞬間、捕手失格の烙印が押されてしまったのである。

ただ、当時ヤクルトの二軍は選手の数が少なく、私も捕手登録でいながら内外野を守ることもたびたびあった。そこで「橋上は足が速くて強肩だ」という評価を得られた。

また、左投手を得意としていたから、「相手の先発が左投手のときには、橋上を外野で起用しよう」という方針となり、徐々に試合に出場できるようになっていった。

私自身、高校までは「できて当たり前」のことが多かった。けれどもプロの世界に入った途端、木っ端みじんになるほど自信を失ってしまった。そこでプロの世界で生き残る道を模索した結果が、「外野手になること」だったのだ。この方向転換によって、プロの世界で生き残るための活路を見出せたのは間違いない。

一方で過信はしなかった。左投手には強かったものの、右投手には思うような成績が残せなかったからだ。課題をどう克服すべきか、現役時代は考えに考え続けていたからこそ、高校を卒業してから17年間、現役生活を送ることができたとも考えられる。

よく「自信と過信は紙一重」だと言われるが、過去の成功体験は自信にしていい。自分が苦境に陥ったときの支えとなる場合もあるということは、この場でお伝えしておきたい。

あえて選手と距離を置くことも必要

指導者と選手との距離が問われる時代だ。個人的には、こと野球において「何でも話せる関係」というのはいささかどうかと思っている。とくに技術指導についてはなおさら。一から十まで指導者が選手に答えを教えてしまうのは、非常に不安でならない。

技術を教えるうえで、基本というものは教える必要がある。たとえば体の使い方一つとっても、無用なケガを防止するためにも教えておくべき要諦というのはある。

問題は応用になったときだ。選手によかれと思ってすべての答えを教えてしまうと、例えばその指導者がいなくなってしまったときに、その選手は自ら考えて解決するということができなくなってしまう。

それならば、課題を解消するために、普段の練習からどういった取り組み方をしているのかを遠くから見守り続けるほうがいい。このとき選手に手取り足取り教えるようなことはせず、あえて距離を置いておく。ある程度の時間を要することだってある。

プロ野球選手は毎年が勝負だからこそ、時間が有限でないことはわかっている。それを踏まえたうえで、１カ月、２カ月と見続けることだってあるだろう。

そうして選手本人が考え抜いて、それでも答えが見つからず指導者に「ちょっと技術的なことで相談したいのですが……」と声をかけてきたとき、このときこそ「待っていました」とアドバイスを送るのだ。なぜなら選手は「答えが何なのかを知りたい」と飢えている。そんなときに的確なアドバイスを送ることができれば、間違いなく選手の技術になるだろうし、そう簡単に忘れることだってない。

人間関係を構築していくうえで、指導者と選手の距離が近いのはプラスに働くこともあるのかもしれないが、こと技術の習得ともなると、プラスになるどころかマイナスになってしまうこともある。

また、何でもかんでも教えすぎてしまうと、選手が必要以上に「失敗を恐れてしまいがちになる」ものだ。野球は失敗が多いスポーツであるがゆえ、失敗した経験を糧に、試行錯誤を繰り返す。こうしたなかから「自分に合った技術を見つけ出す」ことを行うわけだ。だからこそ時にはあえて選手と距離を置く」ということも必要だと、私は考えているのである。

これからの時代は、選手同士の「距離感」も問われてくる

２０２３年11月に報道された、当時楽天に所属していた安樂智大のハラスメント騒動は一球団にとどまらず、球界を巻き込んだ大騒動となった。結局、安樂は球団と24年シーズンの契約は更新せず、自由契約となって楽天を出ていくこととなった。

事の真相はどういうことなのか、私は球界関係者から聞いた。すると、そこには考え方の隔たりが大きいことに気づいた。

たしかに安樂にしてみれば「じゃれ合いの延長」に過ぎなかったのかもしれないが、彼から被害を受けたとされる選手にしてみれば、「たまったものじゃない」「我慢ならなかったこと」レベルだったと言える。

だからこそ感じたのは、たとえ選手同士であっても、あるいは先輩・後輩の間柄であっても、一定の距離を保ちながら付き合うのが無難であるということだ。そうしなければ、あらぬ方向へと事態が動き、その結果、今回のような大きな騒動へと発展してしまうことだって考えられる。

一方で、「一歩間違えたら、殺伐とした人間関係になってしまうのではないだろうか」

という懸念もある。首脳陣と選手間で距離が生まれてくるのは当然としても、選手同士でも見えない距離感が生まれてしまうと、チーム一丸となって戦っていくことすら難しいものになってしまう。

かつてのヤクルトであれば、ムードメーカーと呼べる選手がチーム内にいた。ギャオス内藤もその一人だが、彼は自分がいじられることでチームのムードを和やかにしてしまう、一種の才能と呼べるものがあった。こうした選手は、普段試合に出ていないときでも、劣勢のときには欠かせない存在と周囲も評価していた。

だが、当然全員が彼のような性格の持ち主ではない。人からいじられることが苦手な選手もいれば、どちらかというとおとなしくて静かな雰囲気を好む選手もいる。指導者の立場ともなれば、一人ひとりの選手の性格をある程度把握しているつもりではあるのだが、100%理解できているわけではない。それにより、今回のような問題を引き起こしてしまうことにつながっているのかもしれない。

選手同士のいじり・いじられは、指導者からすると、遊びの延長に映っているだけなのかもしれない。だが、「ちょっかいを出されている選手」が、「嫌だ」と認識しているとすれば、途端に冗談では済まなくなる。

だからこそ、こうした事態を防ぐためにも、日頃から「適切な距離感」というものをつかんで、選手同士のコミュニケーションを図っていくことが求められていくはずだ。指導者も日頃から人間関係に気を配っておく必要がある。この先はそうしたことが当たり前の時代となっていくのではないだろうか、と考えさせられたのである。

第5章　原さんと野村さんの采配面での大きな違い

野村さんは一球ごとにデータを欲しがった

楽天コーチ時代の２００６年から09年まで監督を務めていた野村さんとは、いろんなお話しをした。とくにナイトゲームが終わってからホテルで食事を摂っていたときなどは、必ず野村さんと同じテーブルに座って野球談議が始まり、夜11時くらいから気がつけば夜中の2時、3時まで話していることもたびたびあった。そうして野村さんの野球に対する考え方をあらためて深く理解することができた。

当時の私はヘッドコーチという立場でもあったことから、野村さんが必要とする参謀とはどういうタイプがいいのか知っておく必要があった。すると、ありとあらゆるデータについて、先回りして頭に叩き込んでおくことが重要であることがわかった。

たとえば相手投手に関する情報を収集し、「カウント別」「イニング別」「状況別」と分類していく。すると、

「このカウントになると、変化球がくる」

「試合の前半はストレート中心の投球だが、疲れの見え始める中盤以降は、ストレートと変化球の割合が半々になる」

「走者が一塁と二塁にいるときでは、打者に対する攻め方が変わってくる」

というように、データが増えれば増えた分だけ、「相手がどう攻めてくるのか」の傾向が明確になる。だからこそ、野村さんに対しても、はっきり進言することができた。

試合は一球ごとに目まぐるしく状況が変わっていく。そうした展開にもいち早く対応し、野村さんが知りたそうなデータを、横にいるヘッドコーチが伝えなくてはならない。

もし即座に答えることができなければ、野村さんのもとでは参謀は務まらない。

試合中によく質問攻めに遭ったものだ。無死一塁で、打者のカウントが２ボール１ストライクだとすると、

「ヒットエンドランのサインを出したいんだが、このカウントで相手バッテリーはこれまで何度外してきたんだ？」

そのとき私は、「これまで一度も外していません」、あるいは「今シーズンは２回外しました」などと、すぐに答えなければならない。そこで次のボールがストライクで、２ボール２ストライクになった途端に、

「このカウントだと、相手投手はどんな球種を投げてくることが多いんだ？」

というように、相手投手が一球投げるごとに質問が変わってくる。そのときも「外角低

めのストレートです」「真ん中から外角低めに、ストライクからボールになるスライダーを投げてきます」というように、即答できることが重要だった。

野村さんは、「質問したことに対して、遠慮なく自分の意見が言える人物」を参謀として評価していた。反対に「何を考えているのかわからん」から、口数が少ない人物のことは、あまり評価していなかったようだ。

二死一塁からあえて盗塁をさせる原監督の真意とは

そうしたなか、野村さんは原監督の采配については、「わからないことが多々ある」とボヤいていた。

「データを重要視しているとは思わないし、カンだけでやっているんじゃないかと思うこともある」

そんな話をしたこともあった。それを象徴する出来事が、今から16年前の2008年5月29日の東京ドームでの楽天戦。4対2で楽天がリードしたまま9回裏二死一塁という場面で、走者の矢野謙次（現・巨人一軍打撃コーチ）が盗塁を試みたものの、二塁で刺されて試合終了になったことがあった。

この試合後の監督会見で、野村さんは「バッカじゃなかろか～ルンバ」と鼻歌を歌いながらから、会見場に現れてこんな発言をした。

「巨人は面白い野球をするね。野球は意外性のスポーツだな」

「（一塁走者の矢野は）勝手に行ったんじゃないの？　普通はあそこでは行かないよ」

と皮肉交じりに話していたが、走者が走ってアウトになれば試合終了というこの場面、巨人にしてみれば2点のビハインドもあるので、楽天バッテリーとすれば、「盗塁のサインはないだろう」と考えていた。

だが、セオリーに反してギャンブル的な盗塁を敢行した。これは原監督から矢野にサインが出ていたからである。

なぜ、このような作戦を仕掛けることができるのか。話は今から50年前、１９７４年の夏の甲子園までさかのぼる。当時の原さんは、東海大相模高の三塁手としてレギュラーで出場していた。このときの初戦の相手は阪神に入団した工藤一彦さん擁する土浦日大だった。

試合は1対2で東海大相模がリードされたまま、9回裏二死一塁という場面になったとき、父親である原貢監督から一塁走者に「走れ」のサインが出た。負けたら終わりという切羽詰まった状況での盗塁のサインに、選手全員が驚いてしまった。

だが、一塁走者はそんなプレッシャーに臆せず、果敢に二塁を陥れる。続く打者がセンター前にタイムリー安打を放って同点となった。そうして試合は延長戦にもつれ込み、東海大相模が16回裏に見事サヨナラ勝ちを収めたのである。

このとき原監督は、試合に勝ったこと以上に、盗塁という作戦の威力を知ったことが大きかったと話していたそうだ。原監督にしてみれば、楽天戦での矢野の盗塁失敗は、「これも作戦の一つで、結果的に失敗しただけのこと」と割り切って考えていたはずだ。

直感力が高い原監督の采配

野村さんは原監督の采配を懐疑的に見ていたところがあった。ただ、私は巨人の戦略コーチとしてベンチに入っていたときに、原監督の采配のすごさに間近で触れた。具体的に言うと、「直感力の高さ」である。

ある試合で巨人が1点リードしていたときのこと。終盤になって相手チームの先頭打者が出塁して、無死一塁という場面になった。このとき巨人の投手が初球ボール、2球目ストライクとなったとき、ベンチにいた原監督がバッテリーコーチに、

「慎之助に『外せ』のサインを送れ」

と指示をした。そうして投手がホームへ投じると、相手ベンチは動く気配がない。2ボール1ストライクとなって、次は勝負……かと思いきや、またもや原監督がバッテリーコーチに「外せのサインを送れ」と指示。

ここで外したら3ボールになってカウントが悪くなる――。そう思った私だったが、なんと次のカウントで相手チームの一塁走者は盗塁を敢行してきたのだ。巨人バッテリーはあらかじめ外していたので、二塁ベース手前で楽々とアウトにしたのだが、こうした場面でなぜ「外せ」のサインを送ることができたのか、原監督に直接尋ねてみると、こんな答えが返ってきた。

「普通ならば1ボール1ストライクから1球外したら、打者有利のカウントになるから、『次のボールは必ず勝負してくる。だからここで盗塁のサインを出そう』とベンチは考えたくなるものだ。だから2球続けて外したというわけなんだ」

この答えに「なるほど、そういう考え方もあるのか」と感心したのと同時に、「ほかの

監督であれば、そういう判断はしないだろうな」とも考えた。「原監督の作戦はギャンブル性が高い」と述べたが、これも同様にギャンブル性の高い作戦であることは言うまでもない。だが、それ以上に原監督のここぞという直感の働き方は、ほかの監督にはないものだ。

原監督の直感力というのは、言い換えれば「決断力」ということになるかもしれないが、監督として長年にわたって幾多の修羅場をくぐり抜けてきた経験が身につけさせたものなのだろう。

一方でこれが野村さんであれば、「なぜ2球外すのか、根拠を示せ」と言ってくる。野村さんのいうところの「根拠」とは「理由」とも言い換えられるが、明確な根拠がなければそれは作戦ではなくヤマ勘だと言われて一蹴されてしまうのがオチだ。

だが、原監督は違う。理論でも理屈でもなく直感である。この点は長嶋茂雄さんに通じるものがある。原監督は長嶋さんのもとで1999年から2001年までの3年間、野手総合コーチ（99年）とヘッドコーチ（00年、01年）を務めていたが、長嶋さんの影響というのもあるはずだ。

人からヤマ勘だと言われようが、ここぞとひらめいたときにはかなりの高確率で当てていたのだから、この才能については天性のものとしか言いようがない。

「原はすげえことやるな」と思わずうなった野村さん

勝つことに関して、私が見てきた指揮官のなかでもっともこだわりが強かったのは原監督だ。

楽天のヘッドコーチ時代に、巨人と対戦したときの話になるが、試合終盤の無死一塁という場面で、打線の中軸を任されていた阿部が送りバントを決めた。

緊迫したこの場面において、どう考えても阿部本人が送りバントを率先して行うとは思えず、これは原監督からのサインが出ていたからだと、直後に読み取った。

同時に隣にいた野村さんがこうボヤいた。

「この場面でチームの中心選手に送りバントのサインを出すなんて、原はすげえことやるな。オレだったら、クリーンナップを打つ選手に送りバントのサインなんか出せないよ」

私が「どうしてですか?」と質問すると、野村さんはさらにこう続けた。

「チームの中心選手が送りバントのサインを出されたときの心境を考えてみろよ。『オレのこと信用していないのか』って、プライドがズタズタになるかもしれないじゃないか。原はチームの中心選手にそこまでできることに感心したよ」

たしかに野村さんが、クリーンナップを打つ選手に対して送りバントのサインを出したことはあまり記憶にない。当時の弱かった楽天であっても、「チームの中心選手」に対してはプライドを尊重していた。

けれども巨人は違った。

「この場面で1点を奪えば勝てる。そのためにはどうすればいいのか」

そう考えたときに、原監督は迷うことなく主力にも送りバントをさせた。野村さんの話からもわかるように、「チームが勝つための作戦」として送りバントのサインが出せる原監督の凄みを、このときに感じた。

チームの中心選手が送りバントをしたときの相手投手の心理とは

驚いたのはそれだけではない。阿部が送りバントを決めた後の巨人ベンチを見ると、殺伐とした雰囲気は一切ない。むしろ阿部に対して、「ナイスバント！」と、コーチや選手がハイタッチをし、阿部自身も笑顔を浮かべている。これは「チームプレーがベンチにいる全員に浸透している」からにほかならない。

これがもし、個人プレー重視で勝っているチームだったらどうなるか。おそらく監督の出したサインに不満の表情を浮かべたり、仮にバントを決めたとしても、ベンチ裏で大荒れしているような光景が想像できる。

「送りバント」と「強打」のどちらを選択したほうが得点のチャンスが生まれるかと聞かれれば、普通ならば後者を選ぶだろう。

けれども巨人では、後者を選択をしないことも珍しくない。原監督はよく「個人軍より巨人軍」というフレーズを口にしていたが、これは言葉の通り、個人プレーよりもチームプレーを重要視しているからこそである。

さらにいえば、チームの中心選手が送りバントをするときは、高確率で成功する。このことを私が巨人にいったときに阿部本人に聞いてみたことがあった。すると興味深い答えが返ってきた。

オールスターに出場したときに、ベンチでライバルチームのある投手に、「オレが送りバントをするのってどう思っているの?」と聞いてみたことがあったという。すると、「そりゃ僕らにしてみたら『ラッキー』って思いますよ。普通に勝負したら長打を打たれる可能性があるのに、送りバントだったら『よっしゃ、1球でアウトにできる』って思いますもん。そうなると『どうぞバントしてください』って真ん中付近に投げちゃいますよ」

これには阿部自身、目から鱗が落ちる思いだったそうで、「それなら堂々とバントをしよう」という気になったと言っていた。そうして阿部の後続を打つ打者がタイムリーや犠牲フライを放ってチームが勝つ展開にもっていけたら、なおいいと言っているのだから、「中心選手の送りバント」も「チームが勝つための最善の策」であると全員で共有していたことは間違いない。

「オレが名監督になれないのは非情に徹しきれないから」とボヤいた野村さん

一方の野村さんはこの点が欠けていた。試合中に無死一、二塁でチームの中心打者が打席に立った場合でも、「コイツにバントのサインは出せない」と野村さんが口にすることもあった。つまり、チームの中心選手としてのプライドを優先させた起用法だったのだ。

野村さんはよく、

「オレが名監督になれないのは、情に流されることが多いからだ」

と言っていた。私が楽天に在籍していたときには「いったい何を指して言っているんだろう？」と疑問に思うこともあったが、巨人に来て原監督が中心選手に送りバントのサインを何のためらいもなく出している姿を見て、

「野村さんが言っていたのはこういうことだったのか」

と納得させられたものだ。

しかも原監督は選手たちを前にして、

「チームの主力選手であれ、外国人選手であれ、送りバントのサインを出す場面は必ずあるから、普段からきちんと練習しておくように」

と明言していた。いざ試合で送りバントのサインを出された選手たちは、「待ってました」とばかりに、そつなく決める。

これも阿部本人から聞いた話だが、

「送りバントを決めれば『犠打』になるので、打率が下がることはないんです。でも失敗すれば凡打したことになるので、打数にカウントされて打率が下がってしまう。そう考えたら、是が非でも『バントを決めてやるぞ』と必死になるわけです」

巨人は他のチーム以上に勝つことが求められている。その一端を阿部の送りバント、さ

らには成功させたあとに発した野村さんの言葉から思い知らされた気がした。

「9番・村田」は非情なのか？　愛情なのか？

原監督の非情な部分はこれにとどまらない。ＦＡで来た選手に対しても例外ではない。あれは２０１３年６月12日の京セラドーム大阪で行われたオリックスとの交流戦でのこと。ＦＡで巨人に移籍して２年目の村田修一を「９番・サード」で起用したのだ。それまでにも不調のときには７番を打たせていたことがあったし、１回の表裏が終わった時点で交代させたこともあった。けれども、どんな策を講じてもあまり変わり映えのない成績だったので、喝を入れる意味合いで９番での起用となったのだろうが、これには本当に驚いた。

村田は横浜時代（現・横浜ＤｅＮＡ）、ホームラン王を２度獲得したことのある打者だ。長打力を期待されて獲得したわけだが、村田自身、入団後に横浜と巨人の違いを感じることがあった。

その一つが、「相手チームが常にエース級のピッチャーを当ててくること」である。村田が在籍していた当時の横浜は、チーム力が低迷していることもあって、相手チームは経験の浅い若手や実力が未知数の新人といった、実績に乏しいピッチャーを当ててくることもしばしばあった。

だが巨人は違う。ローテーションの中心を担うエース級ばかりを当てられ、どうにかして巨人を倒そうと躍起になっている。相手投手の力量が横浜時代とはあまりにも違うものだから、村田本人も面食らった部分もあったはずだ。

もちろん原監督にそんな言い訳は通用しない。

「巨人というチームは、いくつものプレッシャーを乗り越えていくことで、真の実力がついてくる。だからここから這い上がってこい」

「９番・村田」は言うならば、原監督の無言の激励メッセージだった。少々の不調が続いたとしても、自分の力で乗り越えてほしい。そう考えると、この措置は非情ではなく、「情」と考えることができるかもしれない。

村田も原監督の期待に応えようと必死だった。それまでバットを頭の上に高く掲げていたが、顔の下までグリップの位置を下ろす構えに変えた。村田本人いわく、この構えにするのは大学時代以来だそうだが、これによって夏場以降に打棒が爆発、７月と８月は２カ月連続で月間ＭＶＰを獲得。シーズンを通してキャリアハイとなる１６４安打を記録し、前年に引き続いて巨人の２連覇に貢献した。

原監督は迷うことなく「９番・村田」を実行することができた。村田本人の奮起をうながしたかったからだが、これは非情なのか？　愛情なのか？　傍から見たら評価の分かれるところだが、村田本人にしてみれば、

「文句ばかり言っても仕方がない。試合で使ってもらえるだけでありがたい」

という心境に達していたはずだ。そう考えて、努力し続けてきたからこそ、夏場以降の打棒爆発、シーズンを通しての好成績につながったと見るのが妥当な線ではないか。

データ以上に重視した投手とのタイミングの合わせ方

野村さんの采配を語るうえで、「対戦相手のデータを重視した」と指摘する人がいるのだが、原監督もデータを頭に入れていたということを知っている人は少ない。そのうえで、独自の感性を重視して、選手起用を決めていた。それが当たることもあれば外れることもあるのだが、このことはどの監督も一緒と言えよう。

さらに原監督と野村さんに共通していたのは、
「データを知っておくのはいいけど、技術を磨くことを怠ってはダメだぞ」
ということだった。打者であれば打ちたい、投手であれば抑えたいと思うあまり、相手チームのデータを欲しがることが多かった。だが、データをたくさん揃えれば揃えるほど、今度はそれが足かせとなって思い切ったプレーができなくなってしまう。

たとえば打者であれば、相手投手の球種を知っておくだけでなく、ストレートと変化球をどのくらいの割合で投げ分けてくるのか、あるいは変化球は何を投げてくることが多いのか、その曲がり具合はどの程度なのか、ウイニングショットにどんな球種を投げてくるのか……などとあれこれ考えすぎてしまうと、今度は思い切りスイングができなくなってしまうという弊害が生まれてくる。

データはある意味、選手にとっては精神安定剤のようなものだと私は考えているが、自分に必要な情報を最低限、知っておけばいいと私は考えている。具体的にいえば、打者なら相手投手の球種を知っておくのと、最近の調子はどうなのか……という程度を事前情報として押さえておけばいい。

それよりもっと大切なことがある。それは、「相手投手とのタイミングを計っておくこと」だ。

原監督があまり快く思っていなかったのが、ベンチのなかで相手投手のデータを確認することだった。たとえば試合の終盤に相手チームのリリーフが登板してきたときに、次の打者がスコアラーとあれこれ確認をしていると、

「データがどうとかいいから、ネクストサークルでタイミングを計っておいたらどうなんだ！」

と、原監督が打席に立つ選手に苦言を呈していたが、私もその通りだと思ったし、野村さんもこの点は同じ意見を持っていた。

タイミングを狂わされれば、バットの芯で強くとらえることができない。「1、2、3（イチ、ニ、サン）」なのか、「1、2―3（イチ、ニイ、サン）」なのか、「1、2―の、3（イチ、ニイノ、サン）」なのか、相手投手によって、タイミングの取り方を変える必要がある。

相手投手がマウンドで投球練習をしているときにこそ確認ができるのだ。そうした機会をやすやすと逃すなんて考えられない、というのが原監督の考えるところなのである。

原監督と野村さんは「野球観の違い」が大きい

このように見ていくと、原監督と野村さんでは当てはまるところもあれば、野村さん自身が「まったく理解できない」「オレにはできない」と言っていたように、原監督の采配を受け入れない部分があったのはたしかだ。

これは一言で言ってしまえば、「野球観の違い」ということにたどり着く。ここでいう野球観の違いとは、「野球人として生まれ育った環境」と言ってもいい。

原監督は高校１年の夏を皮切りに、春夏合わせて甲子園に４回出場、その後は大学に進学して全日本の４番を務め、ドラフト１位で巨人に入団。そこでも４番を打ってチームの中心選手として活躍し、引退後はコーチとして現場復帰。栄えある巨人の監督として17年間務めて実績を残してきた。まさに野球人としてエリート街道を歩んできた存在だ。

一方の野村さんは、無名の府立高からテスト生として南海に入団。数々の記録を打ち立て、監督としても実績を残した、まさにたたき上げの野球人生だった。両極端の野球人生を歩んだ両人だからこそ、理解できない部分のほうが多かったのではないかと推測できる。

だが、これには良い、悪いもなければ、正解や不正解というのもない。２人の指揮官のもとでコーチを経験できた私にしてみれば、野村さんから学んだものはとてつもなく多かったし、原監督からは「巨人を率いる将として、どうあるべきか」という姿勢の部分を学ばせてもらったことは、今でも私の大きな財産となっている。

第6章　優勝するうえで必要な要素とは

ベンチワークよりも「選手の力を発揮させることのほうが大事」だからこそ言えること

優勝を目指して戦っていくうえで、ベンチワークが重要だと言う人がいるが、私はそうは思っていない。ベンチワークで勝てる試合は年間片手（5試合）あるかどうかで、あとは選手の力によるところが大きい。

それだけに、指導者に求められるものは、選手の能力を引き出すための「気づきを与えてあげること」だと考えている。ちょっとした言葉を投げかけることで、選手自身がはたと考え、自分なりに言葉の意味を咀嚼し、練習で試して試合で実践することも、意味のあることだと思っている。

とはいえ、このとき気をつけなければならないことが3つある。まず、「選手に押しつけがましく説明してはならない」ということだ。

選手の性格は十人十色である。積極的に聞いてくる選手もいれば、私とはあえて距離をとって傍観しているだけの選手もいる。さらに私とほかの選手がやり取りしている姿を一部始終見ていて、「オレも質問してみよう」と思い立つ選手もいる。

一軍でバリバリ活躍している選手というのは、自分がこれまで続けてきたやり方に自信があるので、私という人間を信頼してもらえてからでないと、話を真剣に聞いてくれない可能性が高い。それだけに、私のほうから選手に話をするのではなく、質問しにきてくれた選手に対しては、懇切丁寧に話をしていくというスタイルを通していた。

次に「一流選手の持つ、微妙な感覚を妨げるようなアドバイスをしてはいけない」ということだった。

たとえば西武時代の秋山翔吾は、フリー打撃のとき、三塁側の観客席に放り込むと、うんうんとうなずいている姿をよく見かけた。「バットがスムーズに出て、なおかつ体が一定の状態でボールをとらえられている」と判断する材料として、この方向にファールを打てるかどうかを基準としていたわけだ。

しかし、三塁側の観客席の上のほうにファウルを打ったときに納得していた一方、同じ方向の下段のほうにファウルを打ったときには「あれ？」と首をかしげていることがあった。これは秋山自身のなかで「何か違うぞ」と違和感を覚えるものがあったとしか思えない。

実際、彼が私に質問してくるときには、相手バッテリーの配球や投手の球種ではなかった。打席内のボールの見方や、秋山自身が打席で構えたときのグリップの位置についてなど、ほかの打者には聞かないことばかりだった。そのため私も彼の感性を崩さないように、慎重なものの言い方をしていたことを思い出す。

言葉ではうまく表すことのできない、独特の感性を持った選手というのは、チームに何人かは必ずいる。だが、それを否定してはいけないし、私としても相手の立場に立って物事を考えていく姿勢を貫くほうが大切だと思っていた。それだけに「チェックしておくべきポイントはどこか」を、指導する側が普段からしっかり見ておくことが大切なのである。

物事において「絶対」ということはあり得ない

最後は「絶対」という言葉はタブーであるということである。

指導者のなかには、「こうすれば絶対によくなる」という言い方をしている人も過去にはいたのだが、「絶対」ということは、すなわち「100%」を意味する。物事に100うまくいくなんてことはあり得ない。

とくにプロ野球の指導者には、厳しいプロの世界を生き抜いてきたということもあって、職人気質のタイプの人が多くいる。そして、選手に技術をアドバイスするようなとき、自身の過去の経験から話をしているものだ。

「オレはこのやり方でうまくいった。絶対よくなるからやってみたらいい」

そういう言い方をしているようでは、間違いなく選手はついて来ない。一見、聞いているように見えても、馬耳東風とばかりに聞き流していることも珍しくない。

なぜなら伝える指導者と伝えられた選手とでは、仮に体格が似ていたとしても、体の柔らかさや強さまでが同じであるとは限らない。「物事に絶対はない」というのは、こうした理由が挙げられるからだ。

それではどう言えばいいのか。私の場合はこうだった。

「オレの場合はこのやり方でうまくできた。一度試してみたらどうだ？」

選手が試行錯誤する前提で話をしてあげる。ひょっとしたら自分の経験則に基づいた方法で課題が解決するかもしれないし、違ったときにはまた別の方法でアプローチしてみればいい。このことは戦略コーチとしてだけでなく、指導者が持つべき矜持とも言い換えられるが、「自分が成功したやり方は、自分にしか当てはまらないことかもしれない」と考えておくだけで、選手に対するアドバイスの言葉は大きく変わってくる。

阿部慎之助は、高い技術がありながら打撃タイトルに縁がなかった

現在、巨人の監督を務める阿部慎之助は、最初にお話しした「気づきを与えた選手」の好例だった。

打撃については、もともと素晴らしい能力を持っていた。私が楽天に在籍していたときに、巨人との試合前の打撃練習を見て、「どうしてこれだけの技術を備えた選手が、打率は3割前後、ホームランも突出した数字が出ないのか」という疑問のほうが大きかった。

彼は私の母校（安田学園）の後輩である。プロ野球選手を輩出している例が少ない学校のなか、私と同じ出身校であることは早い段階から知っていた。試合前になると必ずあいさつに来てくれていたし、試合が始まってからも、打席に入る前に私の顔を見て一礼してくれることもしばしばだった。

その姿を隣で見ていた野村さんから、

「アイツ、お前さんを見てあいさつしたな。どうしてなんだ？」

と聞かれることもあった。それだけに、私が縁あって巨人に行くことになった際には、阿部の打撃をあらためてチェックするとともに、「なぜ打撃タイトルを獲るような成績が

残せないのか」を知りたかった。

阿部の打撃練習を間近で見たとき、やはりハイレベルな技術があるということは確認できた。２０１２年当時の巨人の打撃陣のなかでも、トップクラスにあることは間違いなかった。

そこで阿部とじっくり話をしてみると、２つのことに気がついた。一つは、「自分の能力を過小評価」していること、もう一つは、「捕手でこれだけ打っているからいいだろう」と限界を決めつけてしまっていたことだった。

阿部の打撃力は原監督も認めていた。事実、監督に就任した２００２年には33試合、彼を「３番・キャッチャー」で起用していた。当時の巨人には松井秀喜を中心に、高橋由伸、清原和博、江藤智、二岡智宏、清水隆行、仁志敏久ら、そうそうたるメンバーがいるなかでのクリーンナップに起用していたことは、阿部の打撃力に高い評価をしていた証しでもある。それにもかかわらず、入団してから11年間、打撃タイトルは何ひとつとっていなかった。

２００７年から09年まで巨人がセ・リーグ３連覇を果たしたときのこと。アレックス・ラミレス、小笠原道大を中心に打線が機能していたなか、阿部は６番か７番を打つことが多く、打撃タイトルはラミレス（２００８年打点王、09年首位打者）が獲得していた。そうであるからこそ、心のどこかで「自分が打たなくても、チームの誰かが打ってくれればそれでいい」と考えていたフシがある。

野球はチームスポーツだ。たしかに試合に出場している1人がどんなに頑張ったところで、ほかの人がまったく機能しなければ、得点は奪えないし、そうなると負ける確率が高くなってしまう。そう考えると、阿部の考え方も理解できなくはない。だが、彼自身が打撃成績に対してもっと貪欲になれば、今以上の成績を収めることなどたやすいことだと私は見ていた。

「1年だけ、真剣に野球に取り組んでくれないか？」という言葉を汲み取った阿部

もう一つの、「捕手でこれだけ打っているからいいだろう」と自ら決めつけてしまっていたことも、阿部のプレースタイルから顕著に見てとれた。

たしかに捕手として彼の打撃成績を見れば素晴らしい数字であることは間違いない。だが、「上には上がいる」とさらなる高みを目指して野球に取り組めば、間違いなく当時の

打撃成績で終わるような選手ではない。それもまた事実だった。

私は阿部にこんな提案をした。

「1年だけでいい。一生懸命、真剣に野球に取り組んでくれないか？」

阿部の試合での打席の様子を映像で確認したとき、集中しているときとそうでないときの差が激しいのではないかと感じていた。打撃タイトルを獲る選手というのは、一打席一打席を大切にしているものだ。裏を返せば、打っても打てなくても、集中力を欠かすことなく維持し続けている。

3割を打つ打者は100打数で30本の安打を打つ。2割9分の打者は、100打数で29本の安打となるわけだが、このわずか1本の差が3割打者になれるかどうかの分岐点となる。阿部は余力を残して3割近くを打っているのだから、シーズン通して集中力を持続すれば、とんでもない成績を残せるのじゃないかと思ったわけだ。

結果からいえば、阿部はこのシーズンは3割4分近くを打って首位打者のタイトルを獲得しただけでなく、104打点を挙げて打点王との2冠に輝いた。

打率を月別に見ていくと、3～4月が3割2分5厘、5月が3割1分6厘、6月が3割3分8厘、7月が3割1分8厘、8月が2割9分8厘、9月が4割4分7厘、10月が3割ちょうどと、まったくばらつきがなかった。それどころか、優勝争いも佳境に入った9月の打率が滅法よかった。つまり、「シーズンを通して集中すれば、成績の残せる打者である」ことが証明されたのである。

さらに、阿部のことで言えば、この年は捕手のほかに一塁手としての起用もあった。当時の彼は、バリバリ捕手でやれるだけの体力はあったが、たまに一塁手を守らせることで精神的な負担が軽減されるのではないかと思い、原監督に進言してみた。すると原監督も了承してくれて、「一塁手・阿部」として出場する機会をつくったというわけだ。

実際、これは効果があった。阿部自身、「いつもと違う光景で野球をやることで、新鮮さが生まれた」と言っていたし、後年、彼が首の故障で思うように捕手ができなくなってからは、ファーストで出場する機会が生まれた。DH制のないセ・リーグの場合、守るところがなければ代打の切り札に収まる以外にない。

それだけに、捕手以外のポジションを守る機会を設けたことが、現役としての寿命を延ばす一因になったに違いない。

菅野智之は大人の考えを持っている投手

　私が巨人に入って2年目の2013年シーズンから新たな戦力として加わったのが、菅野智之だった。彼は2011年のドラフトで抽選の末、日本ハムが指名権を獲得したものの、1年間浪人することを選択。そして1年後に巨人にドラフト1位で指名されて、晴れて入団することとなった。

　菅野と初めて話したときに、「大人の考えを持った投手」という印象を抱いた。視野が広く、周りのことがよく見えている。それでいてピッチングについても実によく考えて投げていることもわかった。東海大相模から東海大学と、叔父である原監督と同じルートを歩んでいるが、ドラフト1位で指名されるだけの心技体を兼ね備えた投手であることは一目瞭然だった。

　その菅野も、私が選手たちに示していたデータには高い関心を示していた。とくに「打者・菅野智之」として打席に立つときには、相手投手がどんな球種を投げてくるのか、スピードはどのくらいなのか、追い込まれたらウイニングショットをどこに投げてくる傾向が高いかなど、いろいろと質問してくることがしょっちゅうあった。

さらにイニングの先頭打者として打席に立つときと、スコアリングポジションに走者が進んだときに打席に立つときで、相手バッテリーの配球にはどんな傾向があるのかなど、事細かに聞いてきた。これには「そこまで考えているのか」と、いい意味で本当に驚いた。セ・リーグはＤＨ制を採用していないので、投手が打席に立つことを余儀なくされているが、彼のように打席に立つ際に相手投手のデータを知りたがる投手は、私の記憶のなかではほかにはほぼいなかった。

どうして打席に立つときに相手投手のデータを欲しがるのか、菅野本人に聞いてみたことがある。そのときこんな答えが返ってきた。

「自分が打てれば、チームの勝利につなげることができるからです」

その言葉を聞いて、私は感心した。普通の投手ならば、投げることだけに専念して、打撃のことは自分自身の投球ほど興味を持たないものである。それにもかかわらず、「自分が打つことでチームの勝利に結びつけられる」という発想ができる菅野は、我々が考えていた以上に大人の考え方ができる選手であると同時に、将来的には巨人の中心選手となっていく逸材であるということも、このときによくわかった。

長野久義が欲しがったデータの内容

巨人では戦略コーチという肩書があったからか、選手からはいろいろな質問を受けた。繰り返すが、巨人の選手は能力が高かったので、それまでデータに重きを置いた野球をすることがなかっただけに、ある意味、新鮮さを感じてくれたのかもしれない。

今もなお現役を続けている、長野久義ともよく話をした。

彼は人間的に非の打ちどころのない、すばらしい好青年だった。裏表がなく、若手にも裏方の人にもフレンドリーに接していた。大学から社会人を経由して巨人に入団してきたが、一社会人としても高い人望を得て成功できるだけの人間力が備わっている。

もちろん野球の技術も言うことがなかった。外野手としての広い守備範囲に加えて、広角に打ち分ける打撃技術は、巨人にとどまらず、球界で見てもトップクラスの能力を持っていた。1年目の2010年には新人王、11年は首位打者と、プロとして順調なキャリアを積んでいただけあって、打撃技術のことで何か指摘することなど一切なかった。

ただし、データに関しては、長野は高い関心を示してきた。とくに「相手投手はどのカウントで真ん中からアウトコースに曲がる変化球を投げてくるのか」について議論を交わしたことがあった。

長野は打席から離れて立っている。普通ならば外角に投げられたら手が届かないような位置に立っているのだが、そこで反応できるだけの技術を持っていた。一方、「ストライクだ!」と思ってスイングし始めた途端、外角から遠くはずれる変化球を投げられて、あえなくバットが空を切る、ということも珍しくなかった。

長野はこの点を自身の課題だと感じていたようだったが、私のデータによって解消できるのではないかと考えていたのだった。

私は、相手チームの先発、中継ぎ、抑えの場合で攻め方が変わること、さらには自分の球種を有効に使うため、どのボールでカウントを整え、ウイニングショットをどこに投げてくるのかなど、事細かに説明した。長野のまなざしを見ると、実に真剣に聞いてくれている。ひとしきり話が終わると、長野から違う角度の質問が出てきて私がまた答える……ということがしょっちゅうあった。

今年の12月で長野は40歳を迎える。2024年シーズンがどんな結果になるかはわからないが、大学、社会人を経由して、今なお現役を続けていられるのは、あくなき向上心の賜物である。

坂本勇人に伝えた「あえて外角は捨てていく」という方法

阿部や長野と違って、データそのものにあまり関心を示さず、己の力で打撃技術を伸ばしていこうとしていたのが坂本勇人である。

坂本の第一印象は、「若い頃の池山（隆寛）に似ている」と感じた。私とはドラフトで同期入団の池山（1983年のドラフトでヤクルトから池山が2位、筆者が3位指名）と同じく、兵庫県出身で強肩強打の遊撃手。これらの共通点に加えて、華がある。それでいて、性格的にも少々やんちゃな面があるように見えたので、プロの世界では手こずるのではないかと思っていた。

ところがそれは杞憂に終わった。練習は一生懸命やるし、裏方の人にまで気を使える一面も持っていた。彼は原さんの2度目の監督時代にドラフト1位で獲得（2006年）しただけあって、目をかけられていたというし、その分厳しく鍛えたとも聞いていた。それだけに、巨人の主力選手としての自覚もさることながら、「もっとうまくなりたい」という高い向上心を持っていたように思えた。

ただ、彼自身はデータというものを活用しようとは思っていないところがあった。入団

2年目から遊撃手として巨人のレギュラーを張り続けて、2012年シーズンに6年目を迎えていた彼は、「自分の技術を磨き続けることが、成績向上につながる」と考えていた。もちろんその考え自体は正解だ。それだけに、坂本のような考えの選手には、私からあえて積極的にアプローチするようなことはせず、こちらの考えに興味を示してくれたときにいろんな話ができればいいと、当初は考えていた。

実際、私のデータにすばやく興味を示したのは、阿部であり、長野だった。彼らがベンチであれこれ聞きにくる姿を、坂本は遠くからじっと見ていた。その視線を何となく感じながらも、私から坂本に話しかけることはなかった。

開幕してから4カ月経った7月のある日、坂本から私に「ちょっといいですか」と話しかけてきた。聞けば相手投手が投げてくる外の変化球にどうしても対応できないというのだ。

そこで私は一つの提案をした。

「真ん中から外に曲がる変化球は、すべて捨てていったらどうか」

坂本に代表されるように、巨人の選手は総じて打撃の能力が高いゆえ、すべての球種やコースに対応しようと考えていた。だが、それが間違っていた。力の落ちる二流の投手ならばそれも可能だろうが、一流の投手となるとそううまくはいかない。

ましてや当時は、巨人と対戦するときには、相手チームは必ずエース級の投手をぶつけてきたので、そう簡単には打てない。すべての球種に対応するなど、どだい不可能だというわけだ。それならば確率の高い策を講じたほうが、結果はいいものになる。このときのケースでいえば、「あえて外角は捨てなさい」という方法だった。

これまでは「外角の変化球を打つにはどうすればいいのか」を必死に考えていたのだが、「外角の変化球は捨てなさい」というアドバイスをもらったことは一度もなかっただけに、坂本には新鮮に聞こえたようだった。

これが功を奏して坂本の打撃は冴えわたった。勝負どころの８月以降も衰えることなく、シーズンを通して１７３安打を放ち、同僚の長野とともに、セ・リーグ最多安打のタイトルを手にしたのだ。

坂本も気づけば今年の12月で36歳となる。若い頃と違って、体に無理がきかなくなっていることは、誰よりも本人が理解しているはずだ。彼に技術で教えることは何もない。あとは体のメンテナンスに注力し、１年でも長く現役を続けて、３０００安打まで到達してほしい。それが達成できるのは、球界広しといえども坂本をおいてほかにいない。

短所を潰そうとすると、長所までもが消えてしまう

「選手に押しつけがましく指導してはいけない」と述べたが、選手が持っている長所を潰してまで短所を消そうとするのは、かえってマイナスになってしまう。それを示したのが、村田修一の打撃技術であった。

村田も当初は私のデータにはあまり興味を示してこなかった。ただし、彼は坂本と違って、2012年シーズンはFAで巨人に移籍して1年目だったこともあり、自分のことで精いっぱい。周りにまで目が行き届いていなかったようだった。

さらに前述したように、2013年シーズンはスタメンで「9番」で起用されるというところまで、調子を崩した時期があった。彼の場合は、データに興味を示さなかったのではなく、「興味を示すまでの精神的余裕がなかった」とも言い換えられる。

2013年シーズン途中から少しずつ余裕が出てきた村田は、私と話すようになってから、こんな相談を持ちかけてきた。

「内角のストレートをどうにかして対処したいんです」

本塁打の打てる強打者は、内角高めが苦手なことが多い半面、得てして外角を得意とし

ている。ヤクルトでの現役の頃でいえば広澤克実さん、池山隆寛、ほかのチームでは清原和博、山﨑武司、中村紀洋らも、村田と同じように、内角高めが苦手だった。

けれども、右打者がいちばん力強くスイングできるポイントなので、外角低めの、手が伸びるゾーンを、彼らは得意としていた。

野村さんはよく、「内角をうまくさばけるようになれば、本塁打王のタイトルが獲れる」と話していた。

今の巨人で、内角のさばき方が抜群にうまいのは坂本だ。2019年シーズンに40本の本塁打を打てたのも、内角をさばく高い技術力があったからだ。一方の村田は内角を苦手としていた。

「だったら練習をすればいい」という声もあるかもしれないが、そうなると2つのデメリットが生じてくる。一つは、「克服するまでに時間がかかること」、もう一つは「仮に打てるようになっても、今度は得意だったはずの外角が打てなくなる可能性がある」ことだ。

苦手を克服するのではなく、苦手を分析することのほうが大切

打者が苦手なコースを克服するには、それなりの時間を要する。だが、長丁場のシーズン中に、2カ月、3カ月かけて打てるようになったとしても、シーズンが終わってしまっていては元も子もない。

また、苦手だった内角高めを克服した結果、体の使い方やスイングの軌道が変わってしまうかもしれない。それまで得意だったはずの外角が打てなくなってしまうことも十分にあり得るからこそ、高いリスクを伴ってしまう。

そこで村田には、「苦手なゾーンはあえて放置しておく」という手法を用いた。これは前の項での、坂本のケースとは逆パターンの方法といえる。そのうえで内角は打てなくても、ファウルで逃げたり、高めのつり球には手を出さないことを徹底させた。これさえできれば、相手バッテリーの配球は変わってくる。

さらに「相手バッテリーが内角高めを攻めてくるのは、どのカウントなのか」ということを徹底的に分析した。すると、「走者が塁上にいる場合」と「走者が塁上にいない場合」とで内角の使い方が違っていることに気がついた。

どんなに「村田は内角高めが苦手」と言われていても、一歩間違えたらスタンドに運ばれてしまう。そうしたリスクを減らすために、走者が塁上にいる場合は、「内角高めに投げるのはせいぜい1、2球」だったのだ。

そうであれば、内角高めに投げてきたストレートがストライクならファウルで逃げればいいし、ボールだったら堂々と見送ればいい。そして、得意な外角低めにストライクを投げてきた球種を仕留めればいいのだ。

努力は結果となって顕著に表れたのだ。２０１２年シーズンこそ12本塁打にとどまったものの、13年は25本、14年は21本と、２年連続20本塁打以上をマークした。この数字を残せたのは、相手バッテリーの配球を読んで内角への対策を立てたからにほかならない。

それまでの長所だけでなく、短所もそのままにしておく。ただし、短所は弱点だと理解したうえで対策を練ることで、現状を打破することができる――。私は坂本と村田の２人にアドバイスを送るなかで、そのことを深く学んだ思いがした。

たった一球を仕留めるためにデータを重宝した高橋由伸

代打で一打席に懸ける際には、自分にとって必要なデータを集めて、「今日はこのボールを狙っていこう」と打席に入ったときに覚悟が決められる。

巨人の高橋由伸がまさにこのタイプだった。

筆者が巨人に在籍していたとき、彼はスタメンで出場するのと同時に、試合終盤に貴重な代打として登場することもたびたびあった。彼の打撃は、打席で構えたフォームに始まり、スイングの軌道からフォロースルーにいたるまで、どれをとっても完璧だった。

「こういう選手を天才と呼ぶんだな」

私は彼の打撃練習を見ていてそう感じていたのだが、巨人の選手のなかでも、データにもっとも関心を示していたのが高橋だった。しかも相手投手に対するデータの求め方が非常に細かい。

「初球はどのコースに、どんなボールを投げてくることが多いか」

「打者有利のカウントのとき、ストライクゾーンに投げてくるとしたら、どんな球種が多いのか」

「投手有利のカウントのとき、ウイニングショットに投げてくるとしたら、どんな球種が多いのか」

「塁上に走者がいる場合は、どういった配球が多くなるのか」

ざっと挙げただけでもこれだけあるが、もっと深く掘り下げたデータを欲しがった。

高橋がここまでデータを頼りにしたのは、代打で出場する機会が多くなっていったとき、一打席、一球で確実に仕留めるために、細かな情報を必要としたからだ。

もしもデータがなければ、「おそらくこういう攻め方をしてくるだろう」「多分この球種をカウント球に使い、最後はこのボールを投げてくるに違いない」というように、「おそらく」「多分～だろう」と予測でしか判断できない。あいまいな情報のみで打席に立っているようでは、代打での成功率は低くなってしまう。

その点を熟知していた高橋は、ありとあらゆるデータを集めて自分なりに分析し、

「初球はこのコースにこの球種を投げてくるだろう。打者有利のカウントになったら、この球種を狙い、投手有利のカウントになったら、この球種を狙おう」

などと、自分なりに打席でのプランを立てていたように思えた。

実際、高橋の代打成功率は高かった。２０１４年シーズンは、代打で球団記録に迫る17

打点を記録。私はそのとき巨人にいなかったが、翌15年シーズンの代打での打率は、3割9分5厘と驚異的な成績だった。彼のような天才肌の打者が、データを活用するようになったら、まさに鬼に金棒である。

超一流の選手でも、努力を積み重ねれば、さらに上の領域にまで到達することができることを、彼の飽くなき向上心から大いに学んだ。

13年の日本シリーズで、シーズン無敗の田中将大に対して立てた攻略のイメージ

ここまで選手の力の引き出し方についてお話ししてきたが、難攻不落の投手を打ち崩すには、チームとして「一つの作戦を徹底させること」が要求される。

2013年の日本シリーズにおける、楽天の田中将大対策がまさにそうだった。

この年の田中の成績は、28試合に登板して24勝0敗（1セーブ）。防御率1・27。24勝したこともさることながら、「0敗」で終えたことが驚異だった。シーズンを投げ抜きながら一度も負けない投手など過去には一人もいなかったし、これだけの記録を樹立するような選手は、未来永劫出てこないかもしれない。

ただし、この年の春に開催された第3回WBC（ワールド・ベースボール・クラシック）では、田中の調子はいまひとつだった。侍ジャパンのエース格としての働きを期待したのだが、ストレート、スライダー、フォークボールと、投げる球がことごとく打たれてしまう。首脳陣からも「怖くて使えない」という声が上がるほどだった。その結果、大会の途中から先発ではなく、中継ぎとしてブルペンで待機してもらった。

けれどもWBCが終わり、ペナントレースに戻った途端に投げては勝ち、また投げては勝ちと、連勝記録が伸びていく。同時に楽天も夏場以降からあれよあれよという間に快進撃を見せ、最終的には球団創設初のパ・リーグ制覇、優勝を決めた9月26日の西武戦では、田中が胴上げ投手となったのだ。

同時に巨人もセ・リーグ連覇、さらにはCSも勝ち抜き、楽天と日本シリーズで相対することとなった。楽天でもっともマークすべきは、24連勝をしていた田中だった。チームとしても、楽天に勝つこと以上に、「田中を打って勝ちたい」という気持ちのほうが強かった。

私が田中対策として選手に出した指示は、次のようだった。

「彼はコントロールの精度が高いし、いろんな球種を追いかけたところでまず打てない。

それならば『このコースに、この球種を投げてくる』と、ピンポイントに的を絞って勝負していこう」

と極限まで的を絞っていくことを提案した。ある選手には、

「外角のスライダーは捨てて、カウント球として投げてくる内角のストレートを狙うんだ」

と指示を出し、また他のある選手には、

「腰の高さのボールはすべて見逃すんだ。そのゾーンからはストンと落ちるフォークボールを投げてくることが多いから、振る必要はない」

そう断定的に伝えるようにしていた。そうして最後には必ず、

「狙いが外れたら『ごめんなさい』で構わない。そう割り切っていこう」

とも話しておいた。

嶋の性格を伝えて、高橋が決勝打を放つ

打者はあらかじめ作戦面で決めごとを作っていても、打席に入った瞬間に「打ちたい」

と焦る気持ちが出てくることもあれば、カウントが不利になると、「次にくるボールは何かな?」などと、冷静さを失ってしまうこともある。だからこそ、「失敗することもあるよ」と伝えることで、選手は冷静さを失わずに相手投手と対等の勝負ができるようになる。

そうして各自が狙うべきボールを定め、田中との勝負に挑んだ。第2戦では1対2で田中の前に敗れ、2勝3敗と楽天が王手で迎えた第6戦で再び田中が先発してきた。この試合では楽天が2回に2点を先制したものの、5回表に巨人が2点を返して同点に追いついた。さらに二死一、三塁という場面になったとき、高橋に打席が回ってきた。カウント0ボール2ストライクから、田中が内角低めに投げたストレートを、彼はものの見事にセンター前にはじき返してタイムリーとなった。

このときは田中と嶋基宏のバッテリーが、高橋との勝負にストレートだけを選んだ。楽天のヘッドコーチ時代、私は嶋とも一緒に戦っていたのだが、彼は勝負に入り込みすぎると、冷静さを失って配球が単調になる場合があることを知っていた。嶋の配球の特徴もミーティングで全選手に伝えていたのだが、ストレートで2球追い込んだことで、高橋の脳裏には「次もストレートがくる」と楽天バッテリーの配球を読んでいた。それがこの決勝打につながったのだ。

結局、6回に巨人が1点を追加して、試合は4対2で勝利。打線も12安打を放ち、田中に対してシーズン初の土をつけた。この試合終了後の巨人ベンチは、まるで日本一になったかのようなお祭り騒ぎだった。パ・リーグのどのチームも、田中に対して黒星をつけることができなかったが、それを巨人が果たしたからだ。

ただし、この勝利で巨人の選手たちは満足してしまった感があった。本来であれば、あと一つ勝たなければ日本一にはなれないはずなのに、肝心の第7戦は気づけば楽天ペースで試合が進み、最終回はまさかの田中のリリーフ登板で抑えられ、楽天に悲願となる初の日本一を決められてしまった。

たしかに田中を攻略した。この点は見事だったのは間違いない。だが、肝心の「日本一になる」という目標を、最後の最後に私も含めたみんながどこかに置き去りにしてしまったことが、この年の日本シリーズの敗因だったのだ。

まったく頭になかった美馬のフォークにしてやられた

短期決戦の戦い方は難しい。長丁場のペナントレースと違って、負けられる数が決まっているので、無難に戦っているだけではあっという間に試合そのものが終わってしまう。だからこそ思い切った手を打たなければ勝てないというのが、短期決戦の鉄則である。

そうしたなか相手チームのバッテリーは、短期決戦ではペナントレースと違って大きく配球を変えてくることがある。

印象深いケースが２０１３年の楽天との日本シリーズにある。先発で投げてくるであろう、美馬学（現・ロッテ）のシーズン中の投球を、全試合チェックしていた。すると、ストレートとスライダーが中心の、オーソドックスな投球であることがわかった。

そこで私は各選手に、美馬対策として、

「ストレートとスライダーのどちらかに絞っていこう」

という話をした。そのうえで、どのカウントになるとスライダーを多投してくるのか、ストレートはどういうコースに投げてくる傾向が強いのか、捕手である嶋の配球も伝えた。

こうして美馬対策を万全にして試合に臨んだ……つもりだったが、フタを開けてみれば、フォークボールを多投されたことに面食らってしまった。私が調べたときに、美馬がフォークボールを投げていたのは全投球数の５％にも満たなかったからだ。

一つでも球種が増えると厄介なことになる。どのコースを狙って投げてくるのか、捕手がどのカウントで要求してくることが多いのか、試合中に組み立てを変えなければならない。ところが、試合がスピーディに展開するため、対応する前に美馬にやられてしまった。

その結果、第3戦では5回3分の2を投げて無失点、最終戦となった第7戦も6回無失点に抑えられ、このシリーズのMVPに選ばれた。田中の無敗記録が注目され、第6戦で攻略して、セ・リーグの優勝チームとして面目を保てた一方、美馬にはものの見事にやられたイメージが強い。

それから2年の歳月が流れ15年、私が楽天にヘッドコーチとして戻ったとき、当時のことを嶋に話した。すると、意外な答えが返ってきた。

「シーズン中にキャッチボールで美馬が遊びでフォークボールを投げたら、ストンって落ちたんです。そこで『もう一回、同じ握りで投げてみて』と美馬に投げてもらったら、やっぱりキレがよかった。そこで『このボールはシーズン中には投げないで、日本シリーズまでとっておこう』って美馬と話して決めていたんですよ」

これには苦笑いするしかなかった。嶋のとっさの判断にやられたと思うのと同時に、あらためて短期決戦を勝ち抜く難しさを思い知らされたのである。

「相手のクセを見抜くこと」も、勝負の世界では必須である

最後に相手チームと戦ううえで、「相手選手のクセ」についてお話ししたい。

活躍し続ける選手であっても、どうしても直せない欠点というものがある。それが「クセ」である。「なくて七癖」とはよくいったもので、相手チームの選手のクセを発見することで、貴重なデータとしてチーム全員で共有し、結果として勝利に結びつけることも可能となる。

たとえば工藤公康さん。工藤さんと言えば、左腕から繰り出すいくつもの変化球に苦戦を強いられているようなイメージがあるが、こと牽制においてはあからさまなほどの欠点があった。

具体的に言うと、一塁に走者がいた場合のセットポジションでのこと。捕手を見てからセットに入ったらほぼ100％の確率で牽制球を投げていた一方、一塁手を見てセットに入ると打者に投げていたのである。これは工藤さんが意図的にそうしていたのではなく、無意識のうちにクセとして投げていた可能性が高いと見ている。

私が楽天に在籍していた4年間、工藤さんは巨人で1年、横浜（現・横浜ＤｅＮＡ）で

3年現役を送っていたのだが、このクセが一度も修正されることがなかったので、走者が一塁のときに一塁手を見てからセットポジションに入ったときは、走者を二塁へ走らせて悠々セーフとなった場面が一度や二度ではなかった。

投手のクセはよく見ているとすぐに発見できた。たとえば現在、私が在籍しているオイシックス新潟で投手コーチを務めている武田勝である。彼は、セットポジションに入った際のグラブの右腕とボールを投げる左腕の角度の違いで、ストレートを投げるのか、変化球を投げるのかをホーム側の位置から見極めることができた。

これはバックスクリーン側からではなく、バックネット裏から撮影されたカメラでないとわからなかった。先に挙げた工藤さんの牽制の場合は、一塁、あるいは三塁側のコーチャーズボックスからわかったが、細かなクセについては、ピンポイントの位置からでないとわからないものだった。

こうした投手のクセの見抜き方にはコツがある。映像で投げている全体の雰囲気を見てから、何度も映像をリピートしていく。するとストレートを投げているときと、変化球を投げているときで、どこかに微妙な違いが出ているのがわかる。

ソフトバンク（2008～11年）と巨人（12～13年）で活躍したデニス・ホールトンも

わかりやすいクセがあった。彼はパワー系のカーブを投げるという特徴があったが、セットポジションの際に、ストレートを投げるときとカーブを投げるときとでグラブの位置が違っていた。それだけに攻略の糸口を見つけるのは容易だった。

味方チームだと、意外と自分たちの選手のクセには気づかないもの

こういうと、「クセがあるかどうかは、自分たちのチームであらかじめチェックしておけばいいじゃないか」という考えを持つ人がいるかもしれない。けれども実際は、相手チームにやられてから気がつくことが多いのが現実なのだ。

とくに相手チームと対戦していて、あまりにも的確かつ確実に打たれるようになると、味方の投手コーチは、「何かクセがあるんじゃないのか」と疑い出して確認作業を行うことがよくある。とくに投手は頭のてっぺんから足のつま先にいたるまで、どこかに顕著なクセがないかどうか、事細かに見ていく。

前の項でもお話ししたように、ベンチからはわからなくても、打席で投手と対峙した際に発見できるクセというのも実際にある。この場合の「事細かに」というのは、３６０度

全方位から見てくまなく確認するというわけだ。

新人投手がデビュー戦、あるいはデビューして間もない2、3戦目で好投したものの、それ以降はさっぱり通用しなくなってしまうというケースが往々にしてある。これは、「何らかのクセを見つけて攻略可能になった」と考えられる。

どんなにいいボールを投げていても、クセさえわかればプロの打者はいとも簡単にとらえるだけの技術がある。「それならばクセはできるだけ直したほうがいい」と考えるのが、プロの投手コーチである。こうなると、いたちごっこの様相を呈してくるとの見方もあるが、プロ野球界ではごく日常的に起こり得ることである。

指導者、選手ともに、技術面においては常にバージョンアップすることを怠らず、進化していくことに貪欲である者が勝ち残る世界であるのは、まぎれもない事実なのである。

第7章 「野球といえば巨人」の時代が終わったからこそ

今の選手たちは「何が何でも巨人に行く」という時代ではない

２０２３年12月、オリックスの山﨑福也が、ＦＡで北海道日本ハムに移籍することが発表された。巨人を含めた6球団での争奪戦となったが、最終的に日本ハムを選んだときには、驚いた人が多かったに違いない。

彼は記者会見の席で日本ハムを選んだ理由を問われ、いくつもの要素を挙げていたが、そのなかで印象的だったのが、「日本ハムというチームは、これから成長していく球団で、一緒に投手として完成していこうという言葉をかけてもらったから」という発言である。

4年総額10億円という金額でまとまったが、金銭的な条件だけでいえば、ほかにも好条件のチームがあったというし、打撃の得意な山﨑にしてみれば、高校、大学時代を過ごした在京のセ・リーグという選択肢だってあったはずだが、それをすべて蹴って日本ハム入りを決断した。

かつて「人気のセ、実力のパ」と言われていた時代もあったが、今は「人気・実力ともにパ」の時代になったとも言えるし、昔のように「何が何でも巨人」という時代ではなくなった証左と言えよう。

さらに山﨑はこんな言葉も残している。

「僕自身、長く野球をやりたいという夢があり、それが可能なのは日本ハムだと思ったんです」

つまり、「人気球団で注目されながら野球をする」というのは、今の若い人たちには当てはまらないというわけだ。だが、そうした変化を私はまったく否定するつもりはないし、そうした考え方もアリだと思っている。

むしろ大切なのは、各球団のフロントや現場の人たちが、昔とは違う若い人の気質の変化を冷静に受け止め、「自分たちはどう変わっていくべきか」という危機感を持つことだろう。

かつてのように、巨人戦が地上波の全国ネットで放映される時代ではない。地方に行けば、地元球団の試合が放映され、昔と比べて巨人ファンの数も減ってきている。変わり続ける状況のなかで、球場と一体となって楽しめるファンサービスもさることながら、将来性豊かな若い選手をどれだけスカウティングし、育てていなければならない。

かつてのように、今や「ＦＡ＝巨人」であったり、「プロ野球人気＝巨人」という時代ではないことを、読売ジャイアンツの関係者が熟知したうえで、どういった球団運営をしていくべきなのか。これらの要素が不可欠な時代に突入しているのだ。

3連覇を果たしたオリックスから学ぶべきもの

今、12球団のなかでトップレベルの実力を誇るのは、オリックスと言っていい。走攻守ともにバランスがとれていて、とくに投手力は12球団でも頭ひとつ抜けていると言っても過言ではない。

今から4年前までのオリックスは、12球団のなかで人気・実力ともに劣ると見られていた。イチローがメジャーに挑戦した2001年以降の成績は、Aクラスが2回（08年と14年の2位）、あとはすべてBクラスである（4位5回、5位4回、6位9回）。また2016年からの5年間のチーム成績は、6位、4位、4位、6位、6位と下位を低迷していた。

そうした時代を経て、2021年からのパ・リーグ3連覇である。突如として迎えた感のあるオリックスの黄金期にうれしさと同時に戸惑いを見せているオリックスファンも多いかもしれない。

だが、これはチーム戦略が見事に実を結んだ結果である。私が考えるところでは、福良淳一さんがオリックスの監督を退いてGM兼チーム編成部長になったあたりから結果が出だしたと考えている。

福良さんは2013年からオリックスのヘッドコーチ、16年から3年間、監督を務めたが、それ以前の05年から12年までの8年間は、指導者として北海道日本ハムに在籍していた。このときチームの強化方針を学んだことが大きかった。

今もそうだが、日本ハムは2004年に北海道に本拠地を移転させてからは、ドラフトで獲った選手を成長させてチームの中心選手に据えていく「育成型のチーム」を目指した。この間に獲ったのはダルビッシュ有（2004年ドラフト1位）、陽岱鋼（05年ドラフト1位）、吉川光夫（06年ドラフト1位）、中田翔（07年ドラフト1位）、大谷翔平（12年ドラフト1位）と高卒の選手を1位指名し、その後のチームの躍進に大きく貢献した。

これと同じ方針をオリックスも採った。若月健矢（2013年ドラフト3位）、宗佑磨（14年ドラフト2位）、山本由伸（16年ドラフト4位）、宮城大弥（19年ドラフト1位）、紅林弘太郎（同年ドラフト2位）、山下舜平太（20年ドラフト1位）と、オリックスの優勝に貢献したのは、彼ら高卒選手の存在が大きい。

日本ハムとオリックスに共通しているのは、「お金のかかるFAに頼らず、優秀な素質を持った高卒の選手を自前で育てる」という方法をとっていることである。実はここに、選手育成のヒントが詰まっているように思える。

待遇面では「メジャー＞巨人」であるから考えるべきこと

巨人もかつてのようにＦＡで大型補強できるような状況ではなくなってきている。繰り返しになるが、選手の考え方が巨人一辺倒でなくなっていることもあるし、それ以上に「メジャーに移籍する」ことが目標になったことも大きい。

今の巨人が、待遇面でメジャーに勝つ方法は残念ながら見当たらない。契約金や年俸を見ても、メジャーが圧倒しているのは明白だし、「（人工芝の）東京ドームよりも天然芝のグラウンドでプレーする」ことに対して憧れを抱いていても不思議な話ではない。

そうだとすれば、巨人がまずやるべきことは、「素質の高い選手をドラフトで獲得して、自前で育て上げること」である。そうして結果がついてくるようになれば、自然とファンも応援してくれるような選手になるだろうし、今よりもさらに注目度は高くなるはずだ。

今どきの選手であるならば、国内にとどまらず、目標は自然と「メジャーに挑戦」という青写真だって描いているはずだ。そうなったときは、ポスティングを認めれば、メジャーからの巨額の移籍金を手にできる。移籍金を球団運営に充てたり、さらなる優秀な選手を確保するための軍資金にしたっていい。

かつての巨人は、「メジャーに追いつき追い越せ」の精神でやってきたが、「巨人に行って活躍すれば、好条件でメジャーに行ける」という目標をアマチュア選手に認知させるのも一つの方法である。

そのためには、これまでのように「巨人は球界の盟主である」という考え方はいったん脇に置いておき、将来性豊かな有望な選手がこぞって「巨人に入りたい」という目標を持てるようなチームづくりをしていかなければならない。

これからの指導者に求められるもの

平成から令和に年号がかわって6年が過ぎた。今の時代の指導者は、かつてのような根性論を前面に押し出す指導をするようなことはしない。むろん、殴る指導などはもってのほかだ。

私がヤクルトに入団した1980年代の野球指導者は、選手に手を上げることが日常茶飯事だった。グラウンドを離れたところで殴られることもあった。

けれども、殴られた私に言わせれば、残っているのは恨みの感情だけである。よく「お前のことを思うからこそ殴るんだ」と言われたものだが、それは殴る側の一方的かつ理不尽な主張にすぎない。結局は「指導者が選手に伝える言葉を見つけられない」からこそ、強権を発動して抑え込んでいるだけだ。

さすがに今のプロ野球界ではそうした振る舞いをする人は存在しない。もしそんなことが現場で起きれば、殴った側の指導者は一発退場になる。

プロ野球の世界は、サッカーのように指導者になるためのライセンスを取得するような制度がない。アマチュア選手を教えられるようにと、一定期間の講習を受けたのちに資格を取得することはできるが、高校野球の現場に行ったプロ野球出身の監督が暴行事件を起こして辞任するということも、時折起こってしまう。

指導を受ける側にも問題はあるかもしれないと思う一方、これまでプロの世界で培ってきた経験則だけを頼りに指導しても、それが必ずしも正しいとは限らない。選手の技術が思うように上達してくれないからといって、カッとなって殴ってしまえば、たちまち大問題へと発展してしまう。

だからこそ、元プロ野球選手が指導者になるためには、引退後にどんな経験を積んできたかも問われてくる。プロ野球の世界に残りたいからと、フロントの人間や現在指導しているコーチにゴマをすってみたところで、指導者としての素養が備わっていなければ、間違いなく大きなトラブルの火種となってしまう。

私が指導者の道を歩み始めたきっかけは、プロ野球の合併問題を経て、２００４年に新球団として東北楽天ゴールデンイーグルスが誕生することになったときである。ヤクルト、阪神でお世話になった松井優典さんから声をかけていただいたのだ。

２０００年に現役引退したときに、プロの世界で指導者になろうなんてこれっぽっちも思っていなかった。

しかし、その後楽天では5年間にわたって指導者としてキャリアを積み、１年間の評論家生活を送ってから２０１１年に独立リーグ・新潟の監督に就任。翌12年から3年間、巨人でお世話になり、その後は楽天、西武、東京ヤクルトでキャリアを積み重ねて、現在再び新潟で監督となっている。

先のことは誰にもわからないが、私はユニフォームを着られるチャンスがあるのなら、

ＮＰＢに限定しないほうがいいと考えている。独立リーグでもいい。学生野球資格回復制度研修会を受講して、アマチュアを指導できる資格があるのであれば、高校や大学だっていい。現場で指導することによって、さまざまな発見があることに気がつくはずだ。

たとえば「今どきの若い選手たちの気質」だってそうだ。自分たちが教わったときとまったく違うことは一目瞭然だし、熱を帯びて教えるほど、選手たちが同じように熱い気持ちで練習に取り組むのかと言われれば、決してそんなことはないことに気づいたりもする。だが、すべてが自分のエキスとなって、指導者としての引き出しが増えるという意味においては、間違いなくキャリア形成に役立つ。

こういうと、「ＮＰＢで指導するほうが条件面はいい」と主張する元プロ野球選手はいるかもしれない。それも一理ある。

たしかにお金のことだけを考えればＮＰＢで教えるのがいちばん条件はいいだろう。アマチュアで教えるとなれば、せいぜいボランティア程度の収入しか得ることができない可能性が高い。けれども、そこで教えている姿を誰かが見ていて、ＮＰＢの関係者の耳に入り、「ぜひうちのチームで指導してほしい」という話に繋がるかもしれない。だからこそ、指導者を志す元プロ野球選手は現場から声がかかったら、プロアマを問わず縁を大事にして指導にあたってもいいのではないだろうか。少なくとも私はそう考えている。

この先、大谷翔平のような選手は出てくるのか

最近はトレーニング法の発達によって、とりわけ投手のレベルが上がった。それによって、メジャーで評価された日本人投手が、日本国内の球団ではあり得ないほどの巨万の富を手にしている。

今年からメジャーの舞台に挑戦するロサンゼルス・ドジャース山本由伸の12年総額約463億円を筆頭に、サンディエゴ・パドレス松井裕樹が5年総額約40億円、シカゴ・カブス今永昇太は4年総額約77億円という大型契約を結んだ。

さらに山本と同じドジャースに入団した大谷翔平は、10年総額約1015億円と、超破格の契約を結んだ。これだけの金額を積まれては、もはや日本の12球団では太刀打ちのしようがない。

この先、大谷のようなスーパースターが生まれてくるのかと聞かれれば、「そう簡単には出てこない」ということは断言できる。大谷のように恵まれた体と身体能力を兼ね備え

た選手は出てきたとしても、「努力し続ける才能」が同じようにある選手というのは、なかなかいない。

大谷は試合でのプレーにとどまらず、練習さえも楽しんでやっているように思える。その姿はまさに野球小僧そのものだ。彼のように脇目もふらず一心不乱に練習し続けることのできる野球選手というのは、実際のところきわめて稀有な存在なのだ。

これから先、高校生の有望選手のなかには、「大谷二世」や「二刀流」と呼ばれる逸材も出てくるだろう。けれども、大谷は簡単に越えられる壁ではないし、二刀流を志すということは、「メジャーで2ケタ勝利をしつつ、本塁打王のタイトルも獲れる選手」にまでハードルが上がってしまった。大谷を目標にすることはできても、実際に越えるとなるとそう簡単なことではない。

ただし、これだけは言いたい。大谷のようになれるかどうかは別にして、縁あってプロ野球の世界に入ってきたのであれば、四六時中野球のことだけを考えて、走攻守すべての面でレベルアップをはたして、一軍のレギュラーにとどまらず、球界を代表する選手にまで上り詰めてもらいたい。

前述したようにプロの世界に入っただけで満足してしまう選手であれば、もって5年、育成であれば2~3年で球団からクビを言い渡される。プロの世界に入ったからこそ、己の限界まで挑戦し、「上には上がいる」ということを知ったうえで、「それでも自分はこの世界でどうすれば生き残っていけるのか」を考えに考え抜いて練習に励むこと――それこそが、野球人として生きるべき道であると、私は考えている。

トラックマンとラプソードの登場で進化を遂げた今のプロ野球選手

ひと昔前と比べて、今のプロ野球選手は技術が向上したといわれている。その一因に挙げられるのが、「トラックマン」や「ラプソード」を導入したことではないだろうか。

トラックマンは球速や回転数(回転速度)、ボールの変化の大きさ、ホームベースにボールが到達した際の位置などが計測できる。スピードガンと違って、ボールが手から離れた直後の速度が計測できるために、球場で表示される球速よりも速度が高くなることも多い。

これに加えて、打球の角度や速度、飛距離なども計測可能である。メジャーリーグではこれらのデータを活用した結果、「フライボール革命」という、新たな野球理論を創り出すことができたことは、多くの野球ファンも知っているはずだ。

そしてピッチング・バッティングのデータを測定・分析するポータブルトラッキングシステムである「ラプソード」の登場によって、野球のプレーがよりデータ化されるようになった。ピッチングにおいては球速はもとより、ボールの回転数や回転軸・変化量に加えて、リリース時の高さや横幅、角度についても測定することが可能となった。

バッティングにおいても、打球の軌道や打球の傾向についても測定することが可能となり、これまで日本でもよく言われていた「伸びのあるボール」や「キレのあるボール」「パワーヒッター」と、今まで感覚的なものでしかなかったものが、具体的に何を指しているのかを、客観的な数値で表現できるようになった。

そのことによって、現状の数値からどの部分を改善していけばいいのか、あるいはどんな練習やトレーニングを積んでいけばいいのかなど、具体的な改善策に着手できるようになったことは大きい。

今まで野球選手間で当たり前とされていた感覚的な指導から、数値を計測していくなかで選手自身が納得した指導が行えるようになり、野球選手としてのスキルが向上していく時代となっていることは間違いない。

ウエイトをやらなくても結果を出し続けた山本由伸

一方で今や時代の主流となったウエイトマシンをあえて使わず、日本流のやり方で成功を収めた選手もいる。一例を挙げるならば、オリックスからロサンゼルス・ドジャースへ移籍した山本由伸である。彼はマシンを使ったウエイトトレーニングを一切やらない。「故障なく投げるためには、バランスよく必要な箇所に筋肉がついていくトレーニングを選択」した結果、ウエイトトレーニングはとくに必要ないという結論にいたったのだ。2020年から4年連続で最優秀防御率と最多奪三振のタイトルを獲得した。加えて2021年からは、3年連続で最多勝利、最高勝率、沢村賞、MVPも受賞。まさに向かうところ敵なしの状況だったことは記憶に新しい。

身長178㎝、体重80㎏という、プロ野球選手として決して恵まれた体格とは言えない彼が、オリックスを2021年シーズンからパ・リーグ3連覇に導いたときの成績が、他のどの投手をも圧倒していた背景には、「脱・ウエイト」という考えがあった。今やプロ野球選手であれば誰もがウエイトトレーニングをやりたがるなかで、山本のような発想は逆に斬新なように思える。

だが山本は、「ウエイトをやらなくても結果を出すことは可能である」ということを実践して、周囲を納得させた。つまり、山本のような考え方も正しいと言えるわけだ。

だからこそ、この先、プロ野球選手として大成したいと思うのであれば、「メジャーでは主流のやり方だから」という発想を捨ててもいいのではないだろうか。トレーニング方法というのは、人によって合う、合わないというのは必ずある。「このやり方で自分は成功できた」からと言って、アドバイスを送る相手も、自分と同じ結果になるとは限らない。そのことはトレーニングを行う各選手とも肝に銘じておくべきことだ。

もちろんメジャーの優れた部分は取り入れて試してみるのはいい。投手のレベルが向上したのは、アメリカで確立されたトレーニング方法を日本でも取り入れた結果、150キロ以上のストレートを投げる投手が増えたという見方もできるからだ。そうして試行錯誤した結果、確実に自分のスキルとして身につけることができたときこそ、「正解だった」といえる。

国内、国外を問わず、いろいろな情報を取り入れ、どれが自分に合っているのか、それを見極めながらスキルアップをしていく——。令和の時代のプロ野球選手は、こうした能力も選手に求められていくことは間違いないのである。

阿部慎之助新監督に求められるもの

２０２４年シーズンの巨人は、原さんに代わって阿部慎之助が新監督となってチームの指揮を執ることになった。彼は捕手出身ということもあり、かつての野村さんや森祇晶さんのような采配をしてくれるのではないかという見方をしている。捕手の目線に立って、「相手が何をされたら嫌がるのか」をとことん考えた野球をしてくることが十分考えられる。

現役引退してからの阿部は、巨人の二軍監督やヘッドコーチなどを務め、原さんの野球を間近で見てきた。いいところもあれば、悪いところもあったと熟知しているはずだし、何よりも原監督の１勝目から１０００勝目までを、現役選手として見てきた唯一の人物である。貴重な経験を、これからの巨人の野球にどう生かしていくのか注目される。

ここ数年の巨人は、中継ぎ以降の投手に脆さがあったが、新監督に就任してすぐにオリックスの近藤大亮やソフトバンクの高橋礼、泉圭輔らを補強。ドラフトでもあえて社会人出身の投手を多く獲った。これだけ見ても、「攻撃よりも守り」を重視した野球をしてくるのではないかと見ている。

野球は点取りゲームである一方、相手チームをゼロに抑えれば負けることはない。近年のプロ野球は打高投低ではなく、「投高打低」の傾向が強い。パ・リーグはそれが顕著に表れていて、２０２３年シーズンで３割を打ったのは、首位打者となったオリックスの頓宮裕真とソフトバンクの近藤健介の２人だけ。本塁打は、本塁打王となったロッテのグレゴリー・ポランコ、楽天の浅村栄斗、ソフトバンクの近藤がそれぞれ26本ずつだった。裏を返せば、それだけ投手のレベルが上がっているというわけだ。

だからこそ投手力を中心とした守りから入る野球で点を取っていく、というスタイルの野球に勝つチャンスがあると読んでいる。その証拠に、阿部新監督は監督就任直後に、打撃力の高い中田翔、ベテランの中島宏之、２０２２年シーズンで23本塁打を放ったアダム・ウォーカーを放出し、投手力強化に重点を置いた補強をしている。

この点は大いに評価したいところであるが、それでも昨年リーグ優勝、日本一を果たした阪神の壁は高い。岡田監督が昨年に引き続き、投手力を中心とした守りの野球をやってくる限り、阪神の強さは続くだろうと思われる。

一方でこんな期待もある。「就任1年目の監督は優勝するチャンスが高い」ということだ。平成以降でいえば、西武の伊原春樹さん（２００２年）、中日の落合博満さん（04年）、日本ハムの栗山英樹さん（12年）、ソフトバンクの工藤公康さん（15年）、オリックスの中嶋聡（21年）、そして昨年の阪神の岡田さんなどである。そして原さんも監督1年目の2022年、さらに3度目の監督復帰となった19年にも優勝を果たしている。

こうした傾向があるのは、選手もフレッシュな気持ちでプレーできるということ、「新監督に認められたい」という思いで、はつらつとプレーすることなどが挙げられるが、阿部新監督にもその期待は当然ある。今年は思い切った采配で、ファンを楽しませてくれるような野球をしてほしいと期待している。

ズバリ、原監督は「名将である」

原監督については、三度目の監督のときの印象が強いせいか、「名将ではない」という言い方をする人もいる。だが、私は「名将」だと思っている。その理由は2つある。

まず、巨人というプロ野球界で最も伝統のあるチームで、17年間も指揮を執り続けることができたこと。そのなかで9度のリーグ優勝、3度の日本一は高く評価できる数字だ。

とにかく巨人はメディアから注目を集めるチームであることは、昔も今も変わらない。

主力選手の動向もさることながら、ＦＡで移籍してきた選手や新人選手、有望株の選手にいたるまで、ちょっとしたことでもニュースで取り上げられてしまう。好成績を残しているときならまだしも、いったん不調に陥ろうものなら、それまでの称賛とは打って変わって、バッシング記事の雨あられとなってしまう。

だが、原さんはそうした批判の声をものともせず、正面から受け止めていた。とくに優勝を逃した２０２１年以降の３年間は相当な批判を受けていたが、考え方によっては原監督に注目が集まることで選手は守られていたのかもしれない。

現役時代、巨人史上歴代４位となる１０６６試合で４番に座った原さんは、常に長嶋茂雄さんや王貞治さんと比較され、バッシングの対象となっていた。ゆえに、メディアに対する免疫には相当強いものがあったはずだ。

２つ目は采配面における「鋭い直感力」である。ピンチの場面で「外せ」と言ったときに高い確率で当たる直感力は、野村さんはもちろんのこと、他の監督も持ち合わせていなかった。原さんと同じような直感力の高さがある人を挙げるならば、長嶋さんをおいてほかにいないだろう。その能力については、ただただ「すごい」と思わせられた。

それに「強いチームでしか指揮を執っていない」と言われるが、勝って当たり前のチームを実力通りに勝たせるのは決して簡単ではない。数多くのプレッシャーに打ち勝ち、長年にわたって監督を務めることができた原監督は、名将の部類に入ると断言できる。

今後は原さんのような監督は二度と出てこない

この先、原監督のような指導者は出てくるのか。私は「無理」だと考えている。最大の理由として、「球団が10年以上も監督を続けさせようと思っていない」点が挙げられる。

プロ野球の監督業というのは、仮に球団と３年契約を結んでも、結果を伴わなければ契約期間中にクビを切られるのも珍しい事態ではない。その一方、結果を出せば２～３年の契約期間が更新されるわけだ。

だが、今の監督業はシステム化されていて、「３年間務めたら次はこの人」というように、次期監督の候補があらかじめ決まっているように思える。たとえば、どのチームでも二軍監督が「あの人が監督なんだな」という目で見られている。

だが、原監督は違う。「この人に監督を任せておけば大丈夫」という球団からの厚い信頼があったように感じられる。原さんが球団の上層部の誰かと親密な関係だったという話を聞いたこともなければ、ゴマをすってそのポジションを得たなどという話は一度も聞いたことがないし、実際にそういったことはまったくなかったと考えるべきだろう。

つまり、原さんは「監督としての能力を高く評価されていた」からこそ、巨人の監督の座に就くことができた。

実際、2度目の監督に就任した後に2回にわたって成し遂げた3連覇や、3度目の監督時の2019年、20年のセ・リーグ制覇は、選手の頑張りもさることながら、原監督の手腕によるところも大きい。「レベルの高い選手が揃っていたからこそ勝てた」という見方もあるが、直感を働かせた采配がプラスの方向に働いたことも相まっての勝利であることも間違いない。

ただし、長く監督を務めた分の弊害も生まれた。原采配のカラクリを見破られ、選手の起用についても我慢ができなくなってきていた。そうなると首脳陣と選手の間にどこか隙間が生じてしまう。長く監督を務めるというのは、チーム内に一定の緊張感と高いモチベーションを生み出すためのバランスを保つことが難しくなってくるものだ。そうしたことをクリアして采配するだけの人材が、今の野球界にいるとは言い難い。

だからこそ、「監督を3年から5年の間に代えて、次の新しい人材を据える」ことで、停滞を防ごうと、各球団のフロントは考えているように思える。

原さんは間違いなく巨人、ひいては野球界に多大な貢献をしてきた。その功績が称えられる一方で、長く監督を務めたことによるマンネリ化という課題に直面し、解決するためにあれこれ頭を悩ませていたはずだ。

今後の原さんは、新生・阿部ジャイアンツの行方を、そして巨人のこの先の未来を見守っていかれるのだろう。２０００年代の巨人の歴史は原監督とともに歩んできた。原さんが残した足跡の大きさを私たちがあらためて知るのは、もう少し後になってからになるかもしれないが、原監督後の巨人軍の行方にも、私は注目していきたいと思っている。

おわりに

　今の若い選手たちは、体より頭、理屈がわかっていないと動こうとしない。本来であれば技術の会得を大事にしなければならないのに、その点をおろそかにしがちだ。

　打撃ひとつとっても、スイングの軌道やスピードを数値化するなど、新しいテクノロジーをどんどん取り入れていくのはいい。けれども、「バットの軌道を変え、スイングスピードを速くすればヒットが打てるのか？」と聞かれれば、「それは違う」と断言できる。

　数値をデータ化するのも大切だが、一方で練習に練習を重ねて、「打撃技術のコツ」を会得するほうが重要である。つまり、テクノロジーに頼るのは、あくまで基礎的な部分であって、確実に自分の技術としてモノにしたとは言い難い。もちろん、これは守備にしても同様のことがいえる。

　最近はＹｏｕＴｕｂｅで情報を得て、技術の習得に努めている選手もいるが、「自分にとって有意義な情報が得られているのか」をおろそかにしてしまっているケースも実際に見聞きする。「もっと野球がうまくなりたい」という向上心を持つことは重要だが、結局のところはグラウンドに出て、どれだけ汗を流せるか――。これができるかどうかに尽きる。

そのためには、他の誰よりも長く練習できるだけのタフな体力を持ち合わせていることも必要で、少々のことではへこたれないメンタルを持っていることも大切だ。プロ野球選手を目指し、さらに日本でトッププレイヤーになり、メジャーリーグを目指すような選手であれば、こうした点は言わずもがな持ち合わせているものだ。

これは、本書でお話しした巨人の選手にも同じことが言えた。私が指導者として3年間、在籍していたときの巨人は、勝負強さがあるだけでなく、相手チームに対する研究にも余念がなかった。こうしたあくなき追求する部分が、12年からのセ・リーグ3連覇につながったというのも過言ではない。

最後になるが、本書を通じて、一人でも多くのファンが、末永くプロ野球を応援していただければ幸いである。

2024年6月

橋上　秀樹

橋上秀樹（はしがみ ひでき）

1965年、千葉県船橋市出身。安田学園から1983年ドラフト3位でヤクルトに捕手として入団。野村克也氏がヤクルトに就任して以降は、外野手として一軍に定着。92年、93年、95年のヤクルトのセ・リーグ優勝に貢献した。その後、97年に日本ハム、2000年に阪神と渡り歩きこの年限りで引退。2005年に新設された東北楽天の二軍守備走塁コーチに就任し、シーズン途中からは一軍外野守備コーチに昇格。07年から3年間、野村克也監督の下でヘッドコーチを務めた。2011年にはBCリーグの新潟の監督に就任。チーム初となるチャンピオンシリーズに導いたものの、この年限りで退団。12年から巨人の一軍戦略コーチに就任。巨人の3連覇に貢献した。また、13年3月に開催された第3回WBCでは戦略コーチを務めた。巨人退団後は15年から楽天の一軍ヘッドコーチ、16年からは西武の一軍野手総合コーチ、一軍作戦コーチを務め、18年の西武のパ・リーグ優勝に大きく貢献した。19年は現役を過ごしたヤクルトの二軍野手総合コーチを務め、21年からは新潟アルビレックス・ベースボール・クラブの監督を務める。

扶桑社新書495

だから、野球は難しい

発行日 2024年7月1日　初版第1刷発行

著　　者………橋上 秀樹
構　　成………小山 宣宏
発 行 者………秋尾 弘史
発 行 所………株式会社 扶桑社
〒105-8070
東京都港区海岸1-2-20　汐留ビルディング
電話　03-5843-8194（編集）
　　　03-5843-8143（メールセンター）
www.fusosha.co.jp
DTP制作………Office SASAI
印刷・製本………株式会社 広済堂ネクスト

Printed in Japan　ISBN 978-4-594-09706-6